HZ. ÂMİNE

Çelik Yayınevi

Çelik Yayınevi
İstanbul, 2015

EDİTÖR
Ece Özbaş

MİZANPAJ
Adem Şenel

KAPAK TASARIMI
Yunus Karaaslan

BASKI-CİLT
İmak Ofset
Ser. No : 12531
Merkez Mh. Atatürk Cd.
Göl Sk. No: 1 Yenibosna - İSTANBUL
Tel : 0212 656 49 97

Çelik Yayınevi
Ticarethane Sok. No: 19/A 34410 Cağaloğlu-İSTANBUL
Tel. 0212. 511 28 11 (Pbx) Fax. 0212. 511 28 12
www.celikyayinlari.com

HZ. ÂMİNE

MUSTAFA NECATİ BURSALI

Çelik Yayınevi

İÇİNDEKİLER

ÜÇÜNCÜ BÖLÜM

بِسْمِ اللّٰهِ الرَّحْمٰنِ الرَّحِيمِ

Müellifin Önsözü

Sayısız hamd ve senalar olsun can incimi bu denizde parlatan Yüce Rabbime!...

Salât ve selâm olsun Hakkın Nazlı Nebisine.

O Resûl-i Zîşânı cihan bahçesine getiren Anneler Sultanından ışıklar ve renkler bulacaksınız bu eserde.

Dünya çapında ve topyekûn kadınlık çerçevesinde bir gerçeklik ve güzellik numunesi olabilmek devletine erenlerin en başında o vardı.

O ki, âlemde hiçbir anne onun gibi bir evlât doğurmamıştı.

O ki, onun eşsiz güzelliği gönül vadilerine inciler yağdıran bir güzellikti.

O ki, Kâinatın Efendisini gönül gönül sarmış, ömür nefeslerinin incilerini ayaklarının altına sermişti.

O ki, Cennet hurilerini imrendirecek güzellikte bir taze gelin iken zevcini yitirmiş, bütün acılara göğüs gererek doğacak çocuğunun hâyaliyle rüya rüya uçmuştu.

O ki, tâ Hazret-i Âdem'den beri Peygamber Peygamber gelen ve alından alına geçen Muhammedî nûru taşımak şerefine ermişti.

O ki, ahlâkta, edepte, derinlik ve incelikte bir taneydi.

O ki, sanki onun eteğinde cennetler seriliydi. Cennetlerin bile var oluşuna sebep olan bir evlâdın annesiydi. Hem de bütün annelerin sultanı.

O ki, asiller çevresi Kureyş'in soy ve faziletçe en üstünü ve en şereflisiydi.

Seher vakti bahçelere rüzgâr nasıl misk kokular hediye ederse, o da cihan bahçesine solmak bilmeyen bir gül hediye etmişti.

Doğum ânında gökyüzünün yeşil kanatlı melekleriyle, cennetin güzel hurileri pervaneler gibi etrafında dönüp durmuşlardı. Gökler ülkesinin takva askerleri olan nûr yüzlü melekler onu tebrik etmede yarış halindeydiler.

Onun gözlerinden perdeler kaldırılmış, nice gayb âleminin sırları kendisine apaçık gösterilmişti.

O, kuru kirpiklerden ümit olup dökülen şebnem damlası gibi duru ve paktı. Billûr pınarlar, coşkun ırmaklar sanki onun gönül denizinden çağlıyordu.

İşte böyle bir mübarek annenin, hem de anneler sultanının fazilet dolu hayatından bir sahife açmaya cesaret ettik.

Eserimizin giriş kısmı tâ Hazret-i Âdem'den, Allah dostu Hazret-i İbrahim'e kadar Muhammedî nûrun mecrasını anlatmaktadır ve tamamen tarihî hâdiselerden süzülmüş bir hakikattir.

İkinci bölüm, yine tarihî olmakla beraber kendi hayâlimizin mahsulüdür. Ve bir roman üslûbunda akıp gitmektedir.

Esas olan ve Anneler Sultânı Hazret-i Âmine'nin hayatından renkler ve desenler sunan bölüm ise üçüncü ve son bölümdür, öyle bir asır ve öyle bir devirde böyle bir inci nasıl parıldar hep göreceğiz.

O Anneler Sultanının mübarek şahsında îman, ahlâk, güzellik, iyilik, edeb, muaşeret, zevk, sabır, metanet ve iştiyakın hakikati parıldamaktadır. Bu cihan bahçesi onun gibi bir anneyi bir defa görmüştür. Hiçbir fani saâdetin ufkuna çıkmakta Hazret-i Âmine'ye denk olamaz. Çünkü O, iki cihanın da var oluşuna sebep olan Hazret-i Muhammed (sallallahü aleyhi ve sellem) gibi bir Resulün annesidir.

O Resul ki: İki cihan halkı onun bendesidir. O'nun şanında Yüce Allah:

— (Ey Habîbim!) **Sen olmasaydın, Sen olmasaydın, felekleri yaratmazdım!... buyurdu.**

Cenâb-ı Ahmed'in başında bir pervane gibi döne döne ömür nefeslerini bitiren Hazret-i Âmine son uykusuna dalarken de çırpınan bir alev misâli gönül gönül çağlamış, o eşi bulunmaz Tek İnciyi bağrına basıp şöyle demişti:

"Her yaşayan ölür,
Her yeni eskir.
Her yaşlı göçer.
Her çok fena bulur.
Ben de öleceğim;
Fakat senin gibi temiz bir vekil bırakacağım için,
Adım asla ölmeyecek..."

Gerçekten de öyle olmadı mı? Adı dillerden düşmeyen, sevgisi gönüllerde çiçek çiçek açan Hazret-i Âmine değil mi?

Ey ebediyet yolcuları!... Sitem şişine kebap olmak istemiyorsanız siz de arkanızda hayırlı bir evlât bırakınız.

Mustafa Necati Bursalı

BİRİNCİ BÖLÜM

Alınlarda Parıldayan Nûr

İş nerede başlayıp nerede noktalanacak? Yolumuz hangi yamaçlardan geçip hangi vadilerde karar kılacak hep beraber göreceğiz:

Henüz Âdem Peygamberden ne nâm, ne nişan vardı. Yüceler Yücesi Allah, Sevgili Resulünü yaratmak murad etti ve Cebrail'e emir verdi:

— Arzın kalbi ve nûru olan topraktan al ve getir!...

Göklerin sultan meleği derhal Cennetin yüksek makam melekleriyle yeryüzüne indi. Nebiler Nebisinin kabri olacak noktadan bir avuç beyaz ve nûrlu toprak aldı. Bu toprağı Cennet ırmaklarında yoğurdu. Toprak beyaz inci gibi ağardı ve etrafa ışık saçmaya başladı.

Işık ki, hem ne ışık... Fezaları dolduracak kadar müthiş.

Melekler bu toprağı aldılar; Arş ve Kürsü, yer ve gök, dağ ve derya, her tarafta dolaştırdılar. Habîb-i Kibriyânın fazilet ve üstünlüğünü anlattılar...

Kâinatın Yaratılış Sebebi ve Allah'ın Sevgilisi Cenâb-ı Muhammed'in, O eşi bulunmaz Tek İncinin nûru, bütün ışıkların tek çağlayanı hâlinde zaman ve mekan boyunca akıp gitti. Tâ ki, ilk ve son sahibini buluncaya kadar.

Şimdi nûrun seyrini görelim:

Aziz ve celîl olan Allah, Hazret-i Âdem'i yaratınca, Muhammedî nûru ona geçirdi. O an Hazret-i Âdem'in alnı bu nûrla elmas elmas parıldadı ve bu Muhammedî nûr, geriye kalan bütün nûrları gölgede bıraktı.

Yüce Allah, Hazret-i Âdem'i taht üstüne çıkarıp orada meleklerin omuzlarına yükletti. Melekler, Allah'ın emriyle ilk peygamber ve ilk insan olan Âdem'e gökleri tavaf ettirdiler, ilk insan ve peygambere gökler âlemindeki melekler iklimini seyrettirdiler.

Muhammedî nûr, Hazret-i Âdem'in başında 100 yıl kaldı. Göğsünde 100 yıl ve ayaklarında yine 100 yıl. Ondan sonra Arş'ın ve âlemlerin sahibi ve yaratıcısı olan Allah, bütün mahlûkların isimlerini Hazret-i Âdem'e öğretti. Topyekûn meleklere de Âdem Peygambere secde etmelerini ferman buyurdu.

Bütün melekler, Allah'ın emrine canla başla uydular. Ne var ki, şeytan kibrinden dolayı secde etmedi. Bu yüzden de lanete uğradı ve ebedî lanet halkası boynuna geçti.

Âdem'e (aleyhisselâm) edilen secde ta'zim secdesi idi, tapma secdesi değil. Hakikatte secde sadece Allah'adır, vasıtalar ise kıble mesabesindedir. Görüldüğü gibi Âdem Peygamber sadece bir kıbleden ibarettir.

Âdem Peygambere secde edildiği zaman, cuma günü zeval vaktiyle ikindi arasıydı. Peşinden Yüce Allah, Hazret-i Âdem'in sol kaburga kemiğinden Hazret-i Havvâ'yı yarattı.

O dem, Hazret-i Âdem uykudaydı. Bir müddet sonra gözlerini açtı. O da nesi?

Yanı başında tıpkı kendi gibi bir insan. Fakat bir başka insan. Kendisine çiçek çiçek bir gülümseyişle nazar ediyordu.

Bu içler yakan bakış, bu gülümseyiş Hazret-i Âdem'in gönlünde fırtınalar kopardı. Âdem Peygamber hemen elini Havvâ'ya uzattı.

Aynı anda da meleklerin haykırışı kulaklarını tırmaladı:

— Yâ Âdem, ne yapıyorsun? Hareketsiz dur!

Âdem Aleyhisselâmın gönlü deniz deniz kaynadı ve hemen atıldı:

- Niçin hareketsiz durayım? Allah onu benim için yarattı!...

Melekler hep bir ağızdan haykırdılar:

— Mihrini edâ et, yâ Âdem!...

Âdem sordu:

— Mihri nedir?

Cevap verdiler:

— Muhammed Mustafa'ya (sallallahü aleyhi ve sellem) **üç kere salâvat getirmek!...**

Hazret-i Âdem, bu emre uyarak iki cihanın saâdet güneşi ve Allah'ın Sevgilisi Cenâb-ı Muhammed'e (sallallahü aleyhi ve sellem) salâvat getirdi. Böylece Allah, huzurunda ve Muhammedî hakikat önünde ilk nikâh kıyılmış oldu.

Âlemlerin Rabbi olan Allah, nesillerin devamını böylece bir sebebe bağlıyordu. Tâ ilk insan Âdem'den son insana kadar her fert bu yolla dünya bahçesine gelecek ve tekrar aslına dönecekti.

Hazret-i Âdem ve Havvâ Cennet yurduna yerleştiler. Yüce Allah, Âdem Peygamber ve zevcesine güzel Cennetin ni'metlerini mûbah kıldı. Neler yoktu ki güzellik yurdu Cennette... Sadece belli başlı bir ağacın meyvesinden yemeyi yasak etti.

Belki buğday, belki incir, belki üzüm veya elma...

Ne var ki, düşmanların düşmanı Âdem'in huzurunu kaçırmaya niyet etmişti bir kez... Âdem'in Cennet içinde salına salına gezmesi İblîs'i fena halde öfkelendiriyordu. Âdem'e öyle bir oyun oynamalıydı ki, bütün evlâtları bu oyunun acısını damla damla yudumlasınlardı.

Aşağılık İblis, Hazret-i Âdem ve Hazret-i Havvâ'yı işte böylesine kıskandı. Cennet'in billûr kapısına geldi ve hileyle içeriye süzüldü. Feryatlar ve çığlıklar koparak Hazret-i Âdem ve Havvâ'nın karşısına dikildi; gözlerinden yaşlar boşanıyor, hıçkırıklar boğazında düğümleniyordu.

Âdem Aleyhisselâm ve Havvâ, Şeytan'ın bu hâline üzüldüler. Çünkü onun ne hilebaz, ne yaman bir düşman olduğunu bilmiyorlardı. Ay gibi yüzlerinde gölgeler gezinmeye başladı ve dediler:

— Niçin böyle ağlayıp inliyorsun?

İblis için bu kaçırılmaz fırsat idi. Cevap verdi:

— Şunun için ağlıyorum ki, yakında ölüm gelecek ve siz Cennet ni'metlerinden ayrılacaksınız. Size ölümsüzlük ağacını göstereyim de onun yemişlerinden tadın ve ebedî olarak diri kalın.

Hazret-i Âdem derin düşüncelere daldı. Fakat İblis dilinin bütün maharetini gösteriyor, yalan üstüne yalan söylüyordu.

Âdem Peygamber ve Havvâ, aşağılık şeytanın bu sözlerine kandılar ve yasak meyveye sokuldular. Evvelâ Hazret-i Havvâ elini uzattı ve dalından kopardığı meyveyi yedi. Yer yemez de sesini yükseltti:

— Ne güzel, ne hoş şey!

Hazret-i Âdem yine tereddüt içindeydi. Havvâ ona da yemesini telkin etti. Tek dayanakları, Allah üzerine yalan yere yemin edilemeyeceği idi. Ne var ki, Şeytan yemin etmekten çekinmiyordu.

İlk defa yalan yere yemin eden şeytandır ve bu cinayet de insanoğluna ondan miras kalmıştır.

Biliniyor ki onu ilk söyleyen kim?

Ve bütün insanlık yalana teslim!...

Âlemlerin Rabbinden Âdem'e hitap erişti:

— Yâ Âdem! Sana Cennet'in bütün ni'metlerini bağışladım ve dilediğin gibi zevk ve safâ sürmene izin verdim. Yetmez miydi ki, gittin, yasak ettiğim meyveyi yedin?

Âdem, Yüce Yaratıcısının huzurunda boynunu büktü:

— Evet, Ey Rabbim, dedi; verdiklerin bol bol yeterdi. Ama ben öyle sandım ki, senin mübarek ismin üzerine yalan yemin imkânsızdır. İşte bu yüzden kandırıldım. Vah bana!...

Allah ferman buyurdu:

— İzzet ve celâlim için seni yeryüzüne indireyim de orada ancak mihnet ve meşakkatle geçinmenin tadını tadasın...

İlk İnsan ve ilk Peygamber acı ve ızdırapla damla damla doldu, başını göğe kaldırmadan yüz yıl ağladı. Gözlerinin yaşından öd ağacı kokusu vesair güzel rayihalar tütüyordu. Havvâ da iplik iplik gözyaşları döktü. Onun da gözyaşlarından karanfil kokusu vesair kokular meydana geldi. Şu gülzâr-ı cihandaki güzel kokular hep o demden kalmış olsa gerek.

İnsanoğlunun babası Hazret-i Âdem ve Hazret-i Havvâ güzel Cennetten çıkarıldı. Cennet gibi bir diyardan, dünya gibi bir çöle gelmek elbette müthiş bir akıbet idi.

Hazret-i Âdem Cennetten çıkarıldığı zaman nazar edip gördü ki, Arş'ta ve Cennet'in her noktasında **"Allah"** adının yanında **"Muhammed"** ismi elmas elmas parıldıyor. Allah'ın Resulüne ve insanlığın Efendisine mahsus mübarek isim.

Âdem Peygamberin gönlü bir alev gibi hicranla yanıyordu. Bu hicran gecesinin gündüzü ne zamandı? Bu dertler ve elemler ne ile son bulacaktı? Elbet bir çâre olmalıydı. Ve o şefaatçi kendi zürriyetinden bir Peygamberdi. İsmi, Cennette ve Arş-ı Âlâ'da parıldayan Muhammed... Muhammed'in kendi zürriyetinden bir resul olduğunu ve eğer o olmasaydı yaratılışın olmayacağını öğrendi. Ve yanık gönülle ellerini ulvîlik âlemlerine kaldırıp inledi:

— Allah'ım, Allah'ım!! Beni bu oğlum hürmetine affet!...

Rahman ve Rahîm olan Allah, Âdem kuluna hitap buyurdu:

— Ey Âdem! Eğer bütün gökler ve yerler halkı için bu oğlan hürmetine benden rahmet ve şefaat dilesen indi İlâhiyemde makbuldür!...

Ve Âdem Peygamber, Sonsuzluk Nebisinin yüzü suyu hürmetine affedildi...

Yukarıda da belirttiğimiz gibi, Varlığın Sebebi olan Cenâb-ı Muhammed'in (sallallahü aleyhi ve sellem) nûru, ilk defa Hazret-i Âdem'in alnına nakşedildi.

Hazret-i Âdem'in alnı bu yüce nûr ile güneş güneş parıldadı. Bu nûr, bütün fezayı, zaman ve mekânı dolduran ışık üstü bir ışıktı.

Şânı pek yüce olan Allah, Havvâ'yı yaratıp Âdem Peygamber'e eş olarak verdikten sonra Âdem'in Havvâ'ya geçen feyzi ile kırk çocuğu oldu. Hazret-i Havvâ, her defasında ikiz doğuruyordu. Yalnız Şit'i tek doğurdu.

Zaman ırmağı durmadan akıyor, Âdem ile Havvâ'nın evlâtları dünya bahçesinde boy veriyordu. Havvâ, yirmi kere hamile olmuştu. Her hamilelikte bir kız ve bir oğlan doğuruyordu. Tâ ki, Şit Peygamber'e hamile kalıncaya kadar.

Hazret-i Havvâ, Şit Peygambere hamile olduktan sonra, o Muhammedî nûr Âdem'in alnından kaybolup gitti. Sonra Hazret-i Havvâ'nın alnında bir güneş gibi parladı. Havvâ'nın güzelliği ve hoşluğu bir acâip arttı. Hazret-i Havvâ, bu ilâhî nûrun aydınlığında gönül gönül çırpınırken günler de akıp gidiyordu. Derken Şit'in doğum anı gelip çattı. Âdem'le Havvâ'nın yeni bir evlâtları daha cihan topraklarına düşmüştü. Fakat bu diğerlerine hiç benzemiyordu.

Adını Şit koydular.

Şit doğduktan sonra bakıp gördüler ki, Muhammedî nûr iki kaşının arasında ışıklar saçıyor. Böylece Muhammedî nûr, Âdem Peygamberden, oğlu Şit Peygambere geçti. Şit Aleyhisselâm da oğluna, babasından aldığı ulvî öğüdü devretti ve dedi ki:

— Taşıdığın Muhammedî nûru tertemiz kadınlar yoliyle sahibine ulaştır ve kirli kadınlara yakınlık gösterme!... Ve bu emaneti nesilden nesile, oğuldan oğula geçiriniz!...

İlk defa Âdem Peygamberde parlayan Muhammedî nûr, peygamberlerden peygamberlere atlayarak Hazret-i İbrahim'e kadar geldi.

İbrahim Aleyhisselâm doğduğunda iki bayrak dikildi; biri Meşrık'a, biri de Mağrib'e.

Muhammedî nûr, İbrahim'in alnında nice zaman durduktan sonra İsmail'e geçti.

O da şöyle:

Hazret-i İbrahim bu nûrun tecellilerine şahit oluyordu. Bu hâlini zevcesi Sare Hatun'a anlattı. Sare bir tatlı aşkla yanmaya başladı:

— Âh, dedi; ne olurdu o nûrun sahibi benden zuhur etse.

Bekledi, bekledi. Ne var ki, o büyük şerefe nâil olamadı.

İbrahim Aleyhisselâm, Sare hatundan bir evlât edinemeyince Hacer'i kendine nikahladı ve gönül gönül çağladı:

— Ey Rabbim! Bana salihlerden (bir çocuk) **ihsan buyur!**

Yüce Allah İbrahim'in duâsını kabul buyurdu. Ona Hacer'den bir çocuk bağışladı. Böylece Muhammedî nûr İsmail'e geçmiş oldu. İsmail dünya bahçesinde boy verince Sare Hatun kederlendi:

-Bana ne oldu ki, dedi; her saâdetten mahrum oldum!...

Hazret-i İbrahim zevcesini teselli etti:

— Üzülme, ey Sare! Allah kerimdir. Vâdinden dönmez. Umulur ki pek yakında seni de sevindirecektir.

Sare sabretti. Sabır acıdır da meyvesi tatlıdır. Tatlı bir meyve Sare Hatun'a ihsan edildi. Ondan da İshak dünyaya geldi.

Peygamberler Peygamberi Cenâb-ı Muhammed'in nûru, İsmail Peygamberden şubelenip, nesil nesil uzadı ve Nebiyyi Âhirzamana oymaklık şerefinin sâhibi Kureyş'in Hâşimi koluna gelip dayandı.

Tâ Âdem Peygamberden, Kâinatın Efendisine baba olmak şerefini taşıyan Abdullah bin Abdülmuttalib'e kadar hâl böylece kıvrım kıvrım devam etti. Nice nesillerden, nice pâk ve temiz soylardan süzüle süzüle esas sahibine vasıl oldu. Aziz ve celîl olan Allah, Habîbinin nesebini câhiliyet pisliğinden nasıl da korumuştu?...

Nihayetsiz olan mülkün Seyyidi ve Kevser havuzunun sahibi bizzat şöyle buyurmuşlardır:

— Ben nikâhdan doğdum, zinadan gelmedim. Âdem'den anam ve babama gelinceye kadar cahiliyetin o kirli fiilinden bana zerre bulaşmadı.

Yine O Nebiyyi Ekrem buyururlar:

—Benim bütün neseb kollarımda zinadan eser yoktur. Allah (celle celâlühû) **beni dâima pâk babaların sulbünden pâk annelerin rahmine geçirerek vücuda**

getirdi. Neseb kollarımda ne zaman iki şube peydahlansa, ben o şubelerden hayırlısına geçerdim.

İbn-i Abbas'dan (radıyallahü anh) nakil.

Âlemin Fahri buyurdular:

— Allah mahlûkatı yarattı; beni en üstünlerinden, en iyi nesilden kıldı. Sonra kabileler arasında bir seçme yaptı; beni en iyi kabileden kıldı. Sonra batınlar arasında bir seçme yaptı, beni en iyi batından kıldı. Şu halde ben zât ve şahıs bakımından da soy bakımından da en ileriyim.

Varlığın Nûrunun bir başka sözleri:

— Allah mahlûkatı arasında bir seçme yaptı. Onlardan Benî Âdemi seçti. Sonra Âdem oğulları arasında bir seçme yaptı, onlardan Arabı seçti. Sonra Araplar arasında bir seçme yaptı. Onlardan Kureyş'i seçti. Sonra Kureyş arasında bir seçme yaptı, onlardan Benî Hâşim'i seçti. Sonra Hâşim oğulları arasından bir seçme yaptı ve onlardan da Beni seçti (ve Peygamber olarak gönderdi). **Devamlı olarak, seçilen ve süzülen** (kabilelerden) **geldim. Dikkat edin: Kim Arabı severse, bana olan sevgisi sebebiyle onları sevmiştir. Kim onlara buğz ederse, bana olan buğzu sebebiyle onlara buğz etmiştir.**

Tirmizi'de yer alan bir hadîs de şöyle:

— Allah İbrahim oğullarından İsmail'i, İsmail oğullarından da Benî Kinâne'yi, Benî Kinâne'den Kureyş'i, Kureyş'ten Benî Hâşim'i, Benî Hâşim'den de beni seçmiştir.

İmam-ı Müslim yoliyle gelen bir başka hadîs:

— Şüphesiz ki Yüce Allah, İsmail'in evlâdı içinden Kinâne kabilesini süzüp çıkardı. Kinâne içinden

Kureyş kabilesini, Kureyş içinden Hâşim oğullarını, Hâşim oğullarının içinden de Beni süzüp çıkardı...

Bir gün, sahabîler Allah'ın Resulüne:

— Ey Allah'ın Resulü, dediler; bize, kendinizden bahsetmez misiniz?

Allah'ın Sevgilisi, topyekûn zaman ve mekânın ve bütün mahlûkatın Peygamberi:

— **Olur,** (buyurdular.) **Ben, babam İbrahim'in duâsıyım, İsa'nın müjdesiyim! Annem Âmine'nin rüyâsıyım! Her Peygamber annesinin gördüğü gibi, annem de benim hakkımda rüya görmüştür!...**

Peygamberler Peygamberi bir başka gün de, minber üzerinde sahabîlerine şöyle nida ettiler:

— **Ben kimim?**

Sahabîler ırmak ırmak çağlayıp cevap verdiler:

— Sen Allah'ın Resulüsün!... Selâm sana!...

Buyurdular ki:

— **Ben, Abdülmuttalib oğlu Abdullah'ın oğlu Muhammed'im!...**

Şerefli ve pâk neseblerini de şöyle sıraladılar:

— **Ben, Abdullah, Abdülmuttalib, Hâşim, Abd-i Menaf, Kusay, Kilâb, Mürre, Kâab, Lüey, Galib, Fihr, Mâlik, Nadr, Kinâne, Huzeyme, Müdrike, İlyas, Mudar, Nizar, Maad, Adnan oğlu Muhammed'im!... Mensub olduğum topluluk ne zaman ikiye ayrılmış ise, Allah, beni muhakkak onların en hayırlısı olan tarafında bulundurmuştur!...**

Şimdi başlarda gezen nûrun mecrasını nokta nokta takib edelim:

Peygamberler caddesini takip ederek Hazret-i İbrahim'e ve oğlu Hazret-i İsmail'e geçen Muhammedî nûr, oradan Arap Yarımadasına süzüldü. Bir başka sokağa, bir başka vadiye kıvrıldı ve bu sokağın nihayetindeki kâinata hâkim Peygamberlik meydanındaki asıl sahibine ulaştı. Ama nasıl geldi, nasıl ulaştı?

Tâ Âdem Peygamberden başlayıp son sahibine kadar bütün zaman ve mekân boyunca başlarda parıldayan bir mukaddes tac olarak nesillere ümid ve saâdet kaynağı olmakta devam etti. Nihayet esas sahibine teslim edildi.

Asırlar, devirler, yıllar, çağlar akıp gitti. Zaman ırmağının hiç durmayan çağıltısı arasında yol Hazret-i İsmail'e kadar vardı. Ondan Adnan'a kadar birinci kademe.

Adnan'dan, Nebiler Nebisinin babası Abdullah'a kadar ikinci kademe.

Hazret-i İbrahim, sonra oğlu Hazret-i İsmail, daha sonra da İsmail'in oğlu Kıygar soyundan gelen birinci kademeyi tam kemâliyle, çizgi çizgi, nokta nokta, basamak basamak tanımıyoruz. Sadece sisler ve perdeler ardındaki hâdiselerin akışını gönlümüzce takib ediyoruz. Artık bundan sonrası hayâlimizin meyvesidir.

Hazret-i İbrahim'in zevcesi Sare çocuk doğuramıyordu. Peygamber zevcesi bu hâlinden dertli idi, gönlünden hicran ırmakları akıyordu. Nihayet cariyesi Hâcer'i efendisine verdi. Hâcer'den İsmail dünyaya geldi. Muhammedî nûrun alnında yıldız yıldız kümelendiği İsmail, Sare tarafından fena halde kıskanıldı. Öyle an geldi ki, Hak dostu Hazret-i İbrahim, Hâcer'le İsmail'i alıp çöllere düştü. Yolu Mekke'ye uğradı.

Ne var ki, kervan geçmez, kuş uçmaz, ıpıssız kum vadisi ve güneşin yakıp kavurduğu sivri dişli taşlardan ibaret bir yerdi burası. Ateşten oklar yağdıran güneş, adetâ insanın beynini kaynatıyordu. Ne ki, durmak zamanı değildi.

Hazret-i İbrahim, İsmail ve Hacer'i Allah'a emanet edip Mekke'de bıraktı. Orada Cürhüm kabileleri vardı. Hazret-i İsmail, büyüyünce, onlardan kız alıp Mekke'ye yerleşti ve artık Mekke, Kâinatın îman beşiği olma yoluna girdi.

Hazret-i İsmail orada Hale isminde bir hanımı zevce olarak aldı. Bu kadından da Kıygar isimli oğlu dünyaya geldi. Kıygar, sanki bir güzellik Yûsuf'u idi. Yiğitti, cesurdu, binicilikte ve ok atma ilminde bir taneydi.

Hazret-i İsmail, bir gün bu güzel oğluna nazar ediyordu. Onun alnında Muhammedî nûrun parıldadığını gördü ve gönül gönül çağladı:

— Yavrucuğum! Alnında parıldayan bu nûru muhafaza et, temiz ve pâk olmayan hanımlarla sakın evlenme. Alnındaki bu nûr, soyumuzdan gelecek bir peygamberin nûrudur bilesin.

Kıygar, muhterem pederinin öğütlerine uydu. Temiz ve pâk olarak yaşadı. Birçok izdivaç yaptı. Ne var ki, hiçbirinden de evlâdı olmadı.

Bir gün, vadiler boyu açılmış, ava gitmişti. Kara gözlü ceylanların oynaştığı dağlarda gezinip geri dönüyordu. Çevresinin aniden vahşî hayvanlarla sarıldığını gördü. Hemen tirkeşinden bir ok alıp yayını gerdi ve hayvanlara doğrulttu. Hayvanlar, tıpkı bir insan gibi ona hitab ettiler:

— Sana ne oldu ey Kıygar? Ömrün bitti. Hani alnındaki nûrun sahibi? Nerede kaldı yaptığın ahd ve sana edilen vasiyet?

Kıygar başını eğip derin düşüncelere daldı. Aynı zamanda da gönlüne acılar damla damla doldu. Okunu fırlattı, atına atladı ve evinin yolunu tuttu. Kapıdan içeri adımını atar atmaz da yemini bastı:

— Bu müşkil işim çözülünceye kadar, hiçbir şekilde dünya lezzetlerini tatmıyacağım!...

Öyle de yaptı.

Günler ve geceler geçiyor o hep sırtını dünyaya dönüyordu. Ne bahçede açılan bir gül yaprağı, ne seher vakti öten bülbül onun umurundaydı. Âdeta hayata küsmüştü. Bazı zamanlar da başını alıyor, kırlara çıkıyor, geziniyor geziniyordu. Bütün bu yaptıklarının gâyesizliğini bile düşünmüyordu.

Yine günlerden biriydi. Sabah olmuş, güneş ak tepeler üzerinden başını uzatmış, dünya buram buram terlemeye başlamıştı. Kıygar evden çıktı, ağır adımlarla vadilerin yolunu tuttu. Gidiyordu, ama nereye gittiğini de bilmiyordu. Derken alnındaki nûrun bir tecellisi zuhur etti. Ona, insan suretinde bir melek gönderildi. Melek, Kıygar'ın karşısına dikilip:

— Ey güzel yaradılışlı adam, dedi; Yüce Allah seni kuvvetle güzelleştirdi. Şu kadar yerlere mâlik kıldı. Sana emanet bırakılan nûrun tecellisini iffet ve ismet timsâli pâk kadınlarda aramalısın. Allah yolunda kurbanlar kes. Kes ki, o nûru taşıyacak pâk bir kadın sana açıklansın.

Ve melek gözden kayboldu.

Kıygar hemen geri döndü. Yine Allah'ın rızası için kurbanlar kesti. Semadan beyaz bir zincir şeklinde ateş indi, kesilen kurbanları yaktı. Ve arkasından gökleri inleten bir ses:

— Ey Kıygar! Şâdol ve sevin ki duân kabul olundu; muradın verildi. Atan tarafından sana emanet edilen kutunun altında yat; bir rüya göreceksin ve gereken bilgiyi alacaksın.

Kıygar'ın güzel yüzü tebessümlerle doldu. Alnında parıldayan Muhammedî nûr, bir tatlı ışık saçmaya başladı.

İsmail oğlu Kıygar, odasına çekildi, sedirin üzerine upuzun yattı. Bir müddet sonra uykunun kollarına kendisini attı. Ve akabinde rüyalar âlemine daldı. Rüyaların billûr saraylarında salına salına geziniyordu. Bir gümüş bedenli dilber ona hitap etti:

— Ey güzel adam! O lâtif nûrun sahibi şanlı Peygamber, Arap kavmine mensubtur. O Rahmet Peygamberin pâk ırkı ve pâk soyu Arap'tan gelecektir.

Sen hiç vakit kaybetme. Arap kavminden Fahire isimli bir kadını ara, bul ve nikâhına talip ol. Onda muradına ereceksin!...

Kıygar nice zaman sonra gözlerini açtı. Gönlü bir deniz gibi köpük köpük kaynıyordu. Sevincine ve saâdetine diyecek yoktu. Yüce Allah'ın huzurunda durdu, O'na hamd ü senâlar etti.

Elçiler

Kıygar'ın güzel yüzünde elmaslar nokta nokta oynaşıyordu. Kıygar hiç vakit geçirmedi. Hemen adamlarını huzuruna topladı ve onlara dedi:

— Herbiriniz bir Arap oymağına gidecek, Fahire namlı kadını arayıp bana haber getireceksiniz!... Haydi davranın!...

Kıygar'ın elçileri kartopu alınlı atlara atladıkları gibi yola revan oldular. Arap kavimlerine uğradılar. Beylere, efendilerinden selâmlar götürdüler. Efendilerinin arzularını bir bir anlattılar. Ne var ki, hiçbir yerde öyle bir kadına rastlamadılar ve elleri boş olarak geri döndüler. Kıygar'ın huzurunda boyun büktüler:

— Ey efendimiz, ne çâre ki öyle bir kadın bulamadık!...

Kıygar kaşlarını çattı:

— O halde, dedi; bizzat ben gider nasibimi ararım!

Ve emir verdi:

— Atım hazır olsun!...

Kıygar'ın atı hazırlandı. Kıygar, süslü elbiselerini giydi, soylu atına bindi ve meçhul bir istikâmete doğru at koşturdu.

Gün boyu gitti, akşam üzeri bîr yamacın eteğindeki kabileye vardı. Kabile halkı bir meydanda toplanmış şenlik yapıyordu. Kendilerine doğru bir atlının geldiğini görünce dikkat kesildiler. Kıygar atını meydanın ortasına kadar sürdü. Heybetli bakışlarını cıvıl cıvıl kaynayan insanlar üzerinde gezdirdikten sonra sordu:

— Beyiniz kimdir?

Ak saçlı iri gövdeli bir adam atıldı:

— Benim, ey yabancı!

Kıygar tatlı tatlı gülümsedi:

— Sizinle baş başa görüşebilir miyim?

— Görüşmek kolay da, kim olduğunuzu söylemediniz...

— İsmail oğlu Kıygar'ım!...

— Yüzünüzdeki güzellikten bir soylu olduğunuzu anlamıştım. Buyurun, evimize şeref verin. Sizi seve seve dinlerim.

Ve böylece Kıygar kabile reisinin evine alındı. Kendisine ikram ve hürmetlerin en güzeli yapıldı. Kabile reisi şanlı misafirinin yüzüne baktıkça hayretler içinde kalıyordu. Çünkü bu yüzde bir başka güzellik, bir başka nûr vardı. Kıygar'ın alnı güneş güneş parıldıyordu. Bu adamda bir iş olmalıydı. Dayanamayıp sordu:

— Ey ay yüzlü adam! Benimle ne görüşecektiniz?

Kıygar geliş sebebini tane tane anlattı:

— Ben, dedem Hazret-i İbrahim ve babam Hazret-i İsmail'den bana emanet edilen bir nûru taşımaktayım. Fahire isimli bir kadın arıyorum. Onunla evlenecek, bu mübarek nûrun nesilden nesile geçmesine vesile olacağım. Böyle bir hatun kabilenizde var mı?

Kabile reisinin yüzü görülmemiş bir ışıkla parıldadı:

— Böyle bir şerefe nail olabilirsem ne mutlu bana. Hemen emir verip her tarafı aratacağım. Ümid ederim ki, böyle bir kadın bulunur.

Ve elindeki çıngırağı üç defa salladı. Çıngırak mâdenî bir ses çıkararak evin içinde yankılar yaptı. Derhal kapıda üç adam belirdi, yerlere kadar eğilerek efendilerini selâmladılar:

— Buyurunuz, velinimetimiz!...

— Soylu bir konuğumuz vardır. Hemen halkın arasına dağılınız ve Fahire isimli bir kadın olup olmadığına bakınız. Bulursanız hemen alıp getiriniz.

Adamlar yine geldikleri gibi kapıdan süzülüp gittiler. Her tarafı didik didik aradılar. Ne var ki, öyle bir kadın bulamadılar. Başları önlerinde geri döndüler:

— Âh, dediler; talihsiz bir gündeyiz, öyle bir kadından ne nâm ne de nişan var!...

Reis üzülmüştü. Yüzünde gölgeler gezinmeye başladı. Kıygar gibi soylu biriyle akrabalık kuramadığı için kendisini bedbaht sayıyordu. Ne ki elden bir şey gelmiyordu.

Kıygar birkaç gün orada kaldı. Sonra yine kartopu alınlı atına atlayıp bir başka kabilenin yolunu tuttu.

Atını şaha kaldırmış gidiyordu. Kendi iç âlemine dalmış, hayâl iklimlerinde kanatlı bir kuş gibi uçuyordu.

Güneş, çölleri yangın hâline çevirmişti.

Kumlar alev saçıyor, rüzgâr kaynar su gibi insanın yüzünü yalayıp geçiyordu. Gökyüzünde koca koca kanatlı kuşlar kanat çırpıyordu. Vahşî hayvanların çığlık sesleri çölün kalbini ürpertiyordu. Ne var ki, Kıygar hiçbir şeyin farkında değildi.

Birden atının acı acı kişnemesiyle hayâl âleminden sıyrılabildi. O da ne?

Karşısında dağların meliki koca bir arslan.

Zehirli birer hançere benzeyen dişlerini çıkarmış, ateş ateş gözlerle ona bakıyordu. Hiç de avını kaçıracak birine benzemiyordu. Kıygar şimdi ne yapmalıydı?

Hemen elini kılıcına attı. Fakat arslan ondan daha atik davranarak iki ayağının üzerinde yaylandı ve müthiş hırıltılar çıkararak Kıygar'ın üstüne atıldı.

Kıygar kendini yerde buldu. At can havliyle kaçmış, biraz ötede durmuştu. Şimdi arslanla pençe pençeye gelmişlerdi. Bakalım iki yumurtanın hangisi kırılacaktı...

Kıygar yerden yumruk büyüklüğünde bir taş alıp arslanın ağzına sokmayı başardı. Arslan, pençelerini Kıygar'ın yüzüne vurmak için çırpınıyor, fakat vuramıyordu. Nihayet Kıygar kılıcını arslanın ciğerine saplamayı başardı. Dağların meliki acı bir ses çıkararak kumların üzerine cansız düşüverdi.

Bu cenkten Kıygar galib çıkmıştı. Alnında biriken terleri elinin tersiyle silip bir taşın üzerine oturdu. Derin derin nefes aldı. Üstü başı kanlara bulanmıştı. Böyle bir şeyi hiç aklına getirmezken, işte kader ağlarının ipleri kendisini bağlayıvermişti.

Kıygar'ın galip geldiğini gören soylu at kişneyerek sahibinin başucuna gelip durdu. Hem kişniyor, hem de sahibinin ellerini yalıyordu. Belli ki ona teşekkür etmek istiyordu.

Kıygar soylu atının alnını okşadı:

— Haydi, dedi; yolcu yolunda gerek!...

Ve ata atladığı gibi kum deryasına doğru rüzgâr rüzgâr uçtu.

Muradım Nerde ki?

Kıygar artık bu yola baş koymuştu. Çöller, vadiler, sahralar aşıyor, muradını arıyordu. Muradı kim bilir neredeydi... Bir gün yolu küçük bir köye uğradı. Tek tük hurma ağaçlarının serpildiği bir köy.

Sokaklarında yalın ayak başı kabak çocuklar oynuyordu. Kadının biri de evinin kapısına oturmuş çocuğunu emziriyordu. Biraz ötede erkekler kümelenmiş hararetli hararetli konuşuyorlardı.

Evler, çamur ile kerpiçlerden örülmüş küçük birer kulübeden ibaretti. Her evin önünde ya bir veya iki keçi vardı. Demek ki süt ihtiyaçlarım bu keçilerden karşılıyorlardı.

Evin birinden acı acı bir feryat yükseliyordu. Hem de bu feryat kadın feryadı idi.

Kıygar, erkeklerin kümelendiği yere doğru atını sürdü. Onlar kendilerini bir mevzuya o kadar kaptırmışlardı ki Kıygar'ın gelişini bile fark etmediler.

Kıygar, nefes nefese çene çalan adamlara sokulup seslendi:

— Ey insanlar!

Herkes beynine yıldırım düşmüş gibi çarpıldı. Gözlerini hayretle açıp bu yabancı adama baktılar. Fakat tanıyamadılar.

Sordular:

— Kimsin, ne istiyorsun?

Kıygar cevap verdi:

— Uzak yollardan geldim, Hazret-i İbrahim hanedârundanım. Bir muradım vardır, onu ararım!...

Köylüler hemen kalktılar, onu istikbal ettiler ve dediler:

— Emrin başımız üstüne, ey soylu kişi!... Buyur, otur, derdini bize anlat!

Kıygar atından indi. Köylülerin gösterdiği yere oturdu.

Gözler hep onu süzüyordu. Yaşlı bir köylü Kıygar'ın alnındaki Muhammedî nûrun parıltısını görmekte gecikmedi:

— Ey kutlu, ey kokusu güzel adam, dedi; köyümüze şeref verdiniz. Senin gibi bir zâtı sokak ortasında ağırlamak bize azap verir. Buyurunuz, evimiz ve kapımız size açıktır.

Kıygar, yaşlı köylünün gösterdiği nezakete teşekkür etti ve dedi:

— Ben, bir yerde karar kılıcı değilim! Fahire isimli bir kadını arıyorum. Köyünüzde bu namda bir hanım var mıdır?

Köylüler hep birden atıldılar:

— Öyle bir kadın olsa ne yapardınız?

— Onu kendime nikâhla alacak ve yurduma götüreceğim!...

— Peki, bir başkası olsa olmaz mı?

— Hayır!...

— Mal ve cemal sahibi birini de mi istemezsiniz?

— Evet, istemem!...

— Şaşılacak şey!... Bizde öyle güzel biri var ki, nice beyler talib oldu da vermedik. İsteseydin sana verirdik. Çünkü sende hiç kimsede olmayan bir nûr görüyoruz.

— Ey iyi kalbli insanlar! Benim muradım mal ve cemal değildir. Ben, ancak atalarımın bana emanet ettikleri şeyi muhafazaya memurum. İzniniz olursa artık gideyim.

— Ey ay yüzlü mübarek zat! Bir gece olsun misafirimiz ol da köyümüze nûr yağsın.

Kıygar çaresiz o gece orada kaldı.

Köylüler etrafında pervaneler gibi dönüyorlardı. Böyle güzel yüzlü, böyle nûrlu bir adam hiç görmemişlerdi.

Erkekler Kıygar'ın başında kümelenirken kadınlar da bir başka evde toplanıp hazırlıklar yapıyorlardı. Nihayet gümüş bedenli, güneş bakışlı, ay yüzlü bir dilberi ipeklere bürüdüler. Bir odayı hazırlayıp döşediler ve her şeyi ile hazır ettiler.

Kıygar yatmak için bu odaya götürüldü.

Köyün erkekleri bir bir vedâ edip evlerine çekildiler. Kıygar da yalnız kalınca yatağa uzandı. Gözlerini tavana dikip derin düşüncelere daldı. Ne kadar vakit geçti bilmiyordu ki, birden kapısının açıldığını hissetti.

Kapıda beyaz örtüler içinde biri vardı.

Gecenin bu saatinde kim olabilirdi? Hemen yatağından fırladı, kılıcını kaptığı gibi odanın ortasında dimdik durdu.

Tatlı bir kadın sesi kulaklarına çarptı:

— Ey yüce bahadır, biz cenk etmek için gelmedik!...

Kıygar gök gibi gürledi:

— Ya niçin geldiniz?

— En kıymetli hazinemi size vermek için!...

— Haram öyle acıdır ki, onun meyvesi ancak ateş olur.

— Biz hiç de öyle düşünmedik.

— Sizin ne düşündüğünüz mühim değil. Mühim olan Allah'ın emridir.

— O halde, onun emri ile bana mâlik ol!...

— Bunu da yapamam!...

— Neden?

— Çünkü aradığım siz değilsiniz.

— Ama biz seninle ve soyunla şereflenmek istiyoruz.

— Ben buna da güç yetiremem. Atalarımın emanetine hıyanetlik edemem. Haydi odamdan çık ve beni rahat bırak.

Genç kadın bir buğu gibi kapıdan süzülüp gitti. Gözyaşları yanaklarına izler bırakıyordu. O kadar büyük bir ümitle gelmişti ki, kırılan ümitleri gönlünü yakan bir alev oluverdi.

Her gönülde bir arslan yatar demişler. Ne ki, muradına eren gönüller de pek azdır.

Genç kadın başı önde üzgün üzgün adım atarken yaşlı bir kadın onu teselli etmek istedi:

— Ey işve fidanım, gönlünü hoş tut. Her ok atan avcı, avını vuramaz ki. Bazen bir devlet kuşu gelir hiç ummadık yere konar, bazen de talih güzellerin yüzüne güler. Bu güzellik sende oldukça başında nice devlet kuşları dönüp duracaktır.

Genç kadın inledi:

— Öyle mi dersin, ey gün görmüş, saâdet sürmüş sahibem?

— Öyle derim ya!

— Benim muradım, bu soylu kişideki nûrdan bir nebze pay almaktı.

— Bizim muradımız da oydu, â güzelim. Fakat kaderin ipleri elimizde değil ki...

Yaşlı kadın, köy güzelinin elinden tutup onu bir başka odaya götürdü. Odanın içi yine kadınlarla dolu idi. Hepsinin yüzlerinde heyecan dalgaları geziniyordu. Bir işe atılmışlardı; ama, bu işten erkeklerinin haberleri yoktu. Şimdi ne cevap vereceklerdi?

Gönüllerden adetâ hicran ırmakları akıyordu. Nasıl olmuş da şeytana uymuşlar, böyle bir kutlu misafire tuzak hazırlamışlardı.

Bütün gece dövünmeler, âh ve eninlerle geçti.

Seher vakti horoz sesleri kulakları tırmalamaya başladı. Ufuklar ak ak bulutlarla dolmuştu. Yeni bir gün başlayacak, hayatın akışı yine devam edecekti.

Sabahın İlk Saatleri

Güneş ak tepeler ardından başını uzatmış, dünya üzerinden gecenin siyah perdesi kalkmıştı.

Kuşlar, hurma ağaçlarının dallarında cıvıl cıvıl ötüyorlardı. Tatlı bir rüzgâr yüzleri okşayıp geçiyordu. Çiçekler üzerinde dönüp duran arılar bir başka gayretle kanat çırpıyorlardı.

Kıygar yatağından kalkmış, pencerenin önüne oturmuş güneşin doğuşunu seyrediyordu.

Kâinat yepyeni bir çağlayışla yeni bir günün eşiğine adımını atmıştı.

Her varlıkta, her zerrede bir çırpınış, bir titreyiş, bir ürperti vardı. Demek ki herkes yaradılışına uygun bir vazifenin başındaydı.

Bu manzara Kıygar'ın gözünde billûrlaştı. Kendisinin de ulvî bir görevi bulunuyordu. Bunun için ta buralara kadar gelmişti. Artık hiç vakit kaybetmeden yoluna devam etmeliydi.

Kıygar bu düşünceler denizinde yüzerken kapısı güm güm vuruldu:

— Müsaade var mı?

Kıygar birden irkildi. Sonra çabuk toparlandı ve seslendi:

— Kimsiniz, ne istiyorsunuz?

Yaşlı köylü cevap verdi:

— Hâris'im. Köyün büyüğü!...

— Buyurunuz.

Ak saçlı, sevimli yüzlü köylü kapıdan içeri süzüldü. Elinde bir yemek kabı vardı:

— Ah, dedi; sizi gereğince ağırlayamadık.

Yemekleri getirip Kıygar'ın önüne koydu. Kıygar, gözlerini yaşlı adamın gözlerine dikip bir müddet baktı. Hayır, bu gözlerde hıyanetin eseri yoktu. Akşam olan işlerden yaşlı adamın haberdar olmadığını anladı:

— Teşekkür ederim, dedi; beni fazlasıyla memnun ettiniz.

Ve baş başa oturup yemeklerini yediler. Tatlı bir sohbetten sonra Kıygar ayağa kalktı ve dedi:

— Ben artık yoluma koyulsam gerek. Ancak bir şeyi merak ettim: Köye gelişimde bir kadın çığlığı duymuştum, zaman zaman bu gece de duydum. Bunun sebebi ne ola?

Yaşlı adamın gözleri birden pınar pınar akmaya başladı. Hıçkırıklar boğazında düğüm düğüm olmuştu. Şöyle anlattı:

— O çığlık atan kadın benim kızımdır. Kendisi devasız bir derde mübtelâ olmuştur. Nice kâhine, nice hekime başvurduksa da bir netice alamadık. Zavallı kızım yıllardır bağırıp durur. Kendisine zaman zaman bir sancı gelir ve onu kıvrım kıvrım kıvrandırır.

Kıygar buna pek üzülmüştü. Gönül kapısını Yüce Hakk'ın huzurunda yaprak yaprak açacak, o kız için duâ edecekti. Öyle de yaptı.

— Haydi, dedi; beni onun yanına götür!...

Yaşlı adamın yüzünde ışıklar oynaşmaya başladı. Kıygar'ın önüne düşüp onu hasta kızının evine götürdü.

Kapıyı çaldılar ve içeri girdiler.

Odanın içi güneş huzmeleriyle aydınlanmıştı.

Yerde, hurma liflerinden yapılma bir yatak vardı. Genç ve güzel bir kadın derin derin nefes alarak yatıyordu. Gözleri kapalıydı. Canlı olduğu ancak nefes alışlarından belli oluyordu. Yoksa güzel yüzü kireç gibi beyazlamış, adetâ damarlarındaki kan kurumuştu.

Kıygar, bu güzellik perisine yanan bir gönülle baktı. Sonra oracıkta ellerini ulvîlik âlemlerine açıp duâ etti:

— Ey Rabbi Rahîmim! Alnımda taşıdığım Muhammedî nûr hürmetine bu hastaya şifa ver!...

Duâ henüz bitmişti ki, ölü gibi yatan kız usul usul gözlerini açtı. Ceylanlar gibi etrafına bakındı. Gözlerinin içi gülüyordu. Birden doğruldu ve çığlığı bastı:

— Bana ne oldu ki, damarlarımdaki kan harekete geçti, derdim başımdan uçup gitti?

Kıygar, taşıdığı Muhammedî nûrun yeni bir tecellisini daha burada görüyordu. İşte, o nûr için Yüce Allah bu hastaya şifa vermişti.

Yaşlı köylü gözlerinden iplik iplik yaşlar akıtarak Kıygar'ın ellerine sarıldı:

— Ey kutlu, ey kokusu güzel zât! Seni bize Allah gönderdi. Ne muradın varsa makbulümüzdür.

Kıygar, ihtiyar adamı omuzlarından tutup kaldırdı:

— Hiç zahmet etme, dedi; ben muradımın peşindeyim!... Değil mi ki bu nûrun yeni bir tecellisini daha gördüm. Artık gam yemem!...

Genç kadın yaralı bir kuş gibi çırpındı ve kendisini Kıygar'ın önüne attı:

— Rabbim, dedi; beni size fedâ kılsın! Müsaade ediniz de cariyeniz olayım, bir ömür boyu hizmetinizde bulunayım!...

Fakat Kıygar onu da kabul etmedi. Genç kadını tatlı bir tebessümle süzdükten sonra şöyle dedi:

— Siz bana müsaade edin de ben yoluma revan olayım. Zira burada fazla kaldım.

Yaşlı adam gözyaşları içinde yalvardı:

— Ne olur, beni bu saâdetten mahrum etmeyiniz. Size yoldaş olayım, aradığınızı buluncaya kadar sizi bir gölge gibi takib edeyim!...

Kıygar, bu samimi adamı kıramadı:

— Olur, dedi; kendine bir at bul, hemen yola çıkıyoruz!...

Yaşlı adam sevinç ve saâdetinden uçacak gibi olmuştu.

Yollar

Güneş dünyayı yangın harmanına çevirmişti. İki atlı çöllerin kalbine saplanmıştı. Başbaşa at sürüyorlar, arada bir de birbirlerine bakıp gülümsüyorlardı. Derken epeyce yol gittiler. Bir akşam üzeri vadilerin kuytularında atlarından inip kayaların gölgesini kendilerine mekân edindiler.

Kıygar, yaşlı arkadaşına seslendi:

— Ey Haris, ne dersin, geceyi burada geçirelim mi?

Hâris'in ihtiyar vücudu zaten bir külçe hâline gelmişti. Başının altına bir taş alıp kumlar üstüne uzandı. Ve usul usul mırıldandı.

— Artık gitsek desen de gidecek takatim yok, yâ Kıygar!...

Kıygar'ın kahkahası çölün ufuklarında yankılar yaptı:

— Ben sana baştan söylemiştim, ey Haris. Ne var ki, sen bana yoldaş olmak istedin. Şimdi bu yolun çilesine de katlanacaksın. Haydi biraz uzan da damarlarına can gelsin.

Haris çoktan uykuya dalmıştı bile.

Kıygar bir müddet istirahat ettikten sonra kalktı. Tirkeşinden bir ok çıkardı. Yayını omzuna aldı, akşamın alacakaranlığında av peşine düştü.

Henüz 20-30 adım gitmişti ki, uzakta, kayaların dibinde bir şeylerin kıpırdadığını gördü.

Elini alnına koyup dikkatlice baktı.

İçi sevinçle dolup taştı. Çünkü ileride ceylânlar oynaşıyordu. Kara gözlü güzel ceylânlar...

Kendisine yüksek bir kayayı siper etti, okunu nişan aldı ve yayı çekti.

Ok, havada vızıltılar çıkararak uçtu.

Kıygar gözlerini alabildiğine açmış bakıyordu. Nihayet bir ceylânın yerlere serildiğini gördü ve koştu.

Gerçekten de ceylânı vurmuştu. Ok, ceylânın tam ciğerine saplanmış ve onu yere düşürmüştü. Derhal bıçağını çıkarıp ceylânı kesti ve omuzlayıp arkadaşının yanına geldi.

Fakat Hâris'in bir şeyden haberi yoktu. O, ihtiyar vücudunu dinlendirmekle meşguldü. Ve kim bilir hangi rüyaların saltanatını sürüyordu.

Kıygar hemen çalı çırpı toplayıp bir ateş yaktı. Avını güzelce yüzdü, uzunca bir çalışmadan sonra ceylânı kızartmayı başardı.

Mis gibi bir kebap kokusu her tarafı sarmıştı.

Arkadaşının başucuna varıp onu eli ile dürttü:

— Ey Haris, bu ne uykusu böyle, kalk, yolcu yolunda gerek!...

İhtiyar inleyerek cevap verdi:

— Andolsun ki, daha bir adım atmam!...

— Sen hele gözlerini bir aç da sonra konuş!!...

— Beni rahat bıraksan olmaz mı, ey güzel yaradılışlı adam?

— Olmaz dedik ya!...

Haris nihayet gözlerini oğuşturarak doğruldu. Etrafına hayret ve dehşetle baktı.

Gün batmış, gecenin siyah örtüsü dünyayı perde perde kaplamıştı. Ayağının ucunda çıtır çıtır bir ateş yanıyordu. Ateşin hemen yanında da kızarmış bir av hayvanı.

Gördükleri Hâris'i büsbütün hayrete düşürmüştü. O böyle bir şeyi rüyada görse inanmazdı. Çölün ortasında, gecenin bu vaktinde bir ziyafet. Hem de enfes bir ziyafet.

Dayanamayıp sordu:

— Bütün bunlar ne demek, yâ Kıygar?

Kıygar tatlı tatlı güldü:

— Senin damarlarındaki kanın kurumuş, istedim ki onları harekete geçireyim. Onun için böyle bir ziyafet sofrası kurdum.

— Peki, bunu nasıl becerdin?

— Benim ok atma sanatında bir tane olduğumu bilmiyorsun.

— Ok atmakla olacak iş mi bu?

— Evet...

— İnanamıyorum. Yoksa, alnındaki nûr hürmetine gökten mi indi?

— Yok, yok! El emeği, alın teri bu!...

Kıygar daha fazla konuşmak istemiyordu. Yine gidip çalı çırpı topladı, ateşi iyice kuvvetlendirip Hâris'in karşısına oturdu:

— Buyur, dostum, dedi; Allah'ın ismiyle ye!...

Ve kızarmış ceylânı yemeye koyuldular. Ne kadar vakit geçti onlar da bilmiyordu. Derken derinden gelen bir ses duydular.

Dikkatlice dinlediler.

Ses, gecenin karanlığında yankılar yapıyordu.

Hâris'in yüzünde gölgeler gezindi. Korkmuş olacaktı. Fakat Kıygar hiç aldırmıyordu.

Derken, ses daha yakından gelmeye başladı. Yerlerinden fırlayıp kalktılar.

Görünürlerde henüz bir şey yoktu.

O halde bu sesler neyin ifadesiydi?

Kıygar kılıcını eline aldı ve Hâris'e hitab etti:

— Sen burada otur, ben bir bakıp geleyim!...

Haris deli deli çağladı:

— Olmaz! Ne olur bunu benden isteme!...

— Niçin?

— Ben korkarım!

— Çocuk olma, yâ Haris! Ağarmış saçlarından utan. İnsan hiç korkar mı?

Haris bir çocuk saffetiyle boyun büktü:

— Başıma hiç böyle şey gelmemişti de.

— Bundan sonra gelecek.

— Dediğin gibi olsun, ya Kıygar!...

Bir Mağara

Kıygar kılıcı elinde, atı yedeğinde ve gecenin karanlığında bir zaman gitti. Etrafı didik didik etti. Biraz önceki sesler kesilivermişti.

Neydi bu?

Durup yeniden dinledi. Hayır, hiçbir sadâ aksetmiyordu.

Tam Hâris'in yanına dönecekti ki, aynı seslerin yeniden ve derinden çağladığını yine duydu. Atı da kulak kabartmış, dikkat kesilmişti. Bir şeylerin olduğu muhakkaktı.

Kıygar kulağını yere dayayıp dikkat kesildi. Bu sesler şimdi daha net geliyordu. Kalktı, insana ürperti veren kayalara doğru yürüdü. İşte göğe ağaç gibi boy vermiş ve güneşten yanıp kavrulmuş koca koca kayalar.

İyice sokulup baktı. Canavar ağzını andıran büyük bir delik. Ve içeride çırpınan alevlerin saçtığı ışık. Demek ki burası bir mağara. Elini boru gibi yapıp mağaranın ağzından seslendi:

— Ey, kim var orada?

Daha henüz haykırışı bitmişti ki, bir köpek havlayarak geldi ve Kıygar'a saldırdı. Kıygar kılıcını ona havale etti. Hayvan acı bir çığlıkla mağaranın içine kaçtı.

İçeriden dev gibi bir adam çıktı, gözleri hayretle açılmıştı. Gecenin bu vaktinde ve çölün bu ıssız noktasında kılıcı elinde bir adam görmek hiç de normal değildi.

Avaz avaz bağırdı:

— Asıl sen kimsin ve ne arıyorsun?

— Garib bir yolcu!

— Gerçekten garib. Peki ne istiyorsun?

— Arkadaşımla biraz ötede geceliyorduk, sesler duyduk ve merak edip geldim.

— Hayır için geldinse hoş geldin. Muradın şer ise tek başına bize bir şey yapamazsın. Çünkü biz içeride 5 arkadaşız.

— Muradım hayırdır, ey Allah'ın kulu.

— O halde buyur, misafirimiz ol.

— Arkadaşımı da kabul eder misiniz?

— Niçin olmasın?

— Peki onu alıp geleyim.

Kıygar hemen geri döndü ve Hâris'e seslendi:

— Ey Haris!... Atını ve eşyanı alıp, hemen gel!

Kıygar'ın sesi kayalara çarpıp yankılar yaptı. İhtiyar Haris atını alıp koştu.

— Ne o, dedi; yine mi yolculuk var?

— Hayır, dostum!... Geceyi rahatça geçireceğimiz bir yer ve orada bizim gibi insanlar var...

Haris sevincinden uçuyordu:

— İşte buna sevinilir, ey Kıygar!...

İki arkadaş mağaranın ağzına kadar yürüdüler. Atlarını orada bir yere bağlayıp içeri seslendiler:

— Müsaade var mı?

Biraz evvelki dev cüsseli adam, elinde alev alev yanan bir odun parçasıyla kapıda dikildi:

— Buyurunuz!...

Odun parçasının aydınlattığı yolda yürüdüler, içerisi oldukça geniş ve aydınlıktı. Meydanın ortasında koca bir ateş yanıyor, mağaranın içini ışık çağlayanı hâline getiriyordu.

Yerlerde koyun postu ve ceylân derileri vardı. Beş arkadaş ateşin karşısında oturmuş def çalıp eğleniyorlardı...

Bu manzara Kıygar ve Hâris'in alışık oldukları şeylerden değildi. Ne ki, kulağa ve göze oldukça hoş geliyordu.

İçeriye iki yabancının girdiğini gören adamlar ellerindeki defleri bırakıp ayağa kalktılar ve bu beklenmedik misafirlerinin yüzlerine hayretle bakındılar.

Kıygar kendisini ve arkadaşını tanıtmak ihtiyacını duydu:

— Ben, dedi; Hazret-i İbrahim hanedanından İsmail oğlu Kıygar'ım! Arkadaşım da Hâris.

Hepsi ateşin etrafında halka oldular ve ceylân derileri üzerine oturdular. Birbirlerine ısınmışlardı. Adamlardan biri sordu:

— Peki, gecenin bu saatinde burayı nasıl buldunuz?

Cevap verdiler:

— Biraz ileride mola vermiştik, sesler duyduk ve araştırdık. Hepsi bu!...

— Kuş açmaz, kervan geçmez bu çölde ne arıyorsunuz?

— Garip bir yolculuğa çıktık. Kabile kabile geziyor, meçhul bir kadını arıyoruz. Derken kendimizi bu çölün ortasında bulduk. Kaderimizde mağarada gecelemek de varmış.

Bu arada hurma şerbetleri de gelmiş misafirlerin önüne konmuştu. Kıygar, bu misafirperver insanlara ikramda bulunmak istiyordu. Biraz evvel avladığı ceylânın yarıdan fazlası duruyordu:

— Ey Haris, dedi; umarım atın terkisine ceylânımızı da koymuşsundur!...

İhtiyar bir su gibi çağladı:

— Bırakır mıyım hiç?

— O halde git getir!...

Haris yerinden kalktı, eline yanan odunlardan bir alev tutuşturdular. Onun aydınlığında mağaradan dışarı çıktı. Dışarısı ay ışığından pırıl pırıl yanıyordu. Ay yükselmiş, gecenin serinliği her tarafa damla damla inmiş, karanlık perde perde dağılmıştı. Fezanın derinliklerinde yıldızlar oynaşıyordu. İçinden:

— Güzel bir manzara, diye söylendi.

Ne var ki, bu manzaraya daha fazla bakamayacaktı. Hemen atın terkisindeki kızarmış ceylânı aldı ve tekrar mağaraya döndü. Gözler Hâris'in üzerinde noktalanmıştı. Hâris, ceylân kebabını ortaya koydu:

— Buyurunuz, afiyetle yiyiniz, dedi.

Eller hep birden kebaba uzandı. İçlerinden biri bağırdı:

— Su testisini yanaştır, ey Velid!...

Hem iştiha ile kebap yiyorlar, hem de üzerine su içiyorlardı. Kebabın yağları çenelerinde bir acayip ışıldıyordu.

Yemek sona erince Kıygar ellerini kaldırdı:

— Ey Rabbim, dedi; sana hamd olsun. Bizim rızkımızı burada da ayağımıza gönderdin.

Tabiî ki, diğer beş kişi bu sözlerden bir şey anlamamışlardı. Hayretli bakışlarını Kıygar'ın yüzünde gezdirip sordular:

— Sen neler diyorsun? Kime hitab ediyorsun, hiçbir şey anlayamadık!...

Haris hemen atıldı:

— Bu zâtın yüzündeki aydınlığı görmediniz mi?

— Gördük!...

— Bunun bir peygamber evlâdı olduğunu bilmez misiniz?

— Peygamber mi?

— Evet... Peygamber oğlu!...

Kıygar, Hâris'i susturdu, kendisi tane tane anlattı:

— Ben Hazret-i İsmail'in oğluyum. Dedem, babam ve amcam peygamberdi.

Çöl adamlarının yüzünde hayret çizgileri geziniyordu. İlk defa bir peygamber ismi duyuyorlardı. Sordular:

— Bizi hoş görün. Peygamber ne demek?

— Allah'ın Elçisi. Allah'ın emirlerini kullarına duyuran ve insanlara rehber olan seçilmiş kişi.

— Ne yazık ki, yine bir şey anlayamadık.

— Nasıl olur? Siz kime ibâdet ediyorsunuz? Taptığınız bir varlık, bir kudret, bir saltanat sahibi yok mu?

— Biz çöl adamıyız. Taşlardan putlar yapar ona taparız. Bir ihtiyacımız olduğunda ona adakta bulunuruz.

— Eyvah size!...

— Bizi kınamakta ileri gitmediniz mi? Biz atalarımızdan böyle gördük, ömrümüz işte bu çölde geçmektedir. Köyümüz buradan bir konak ileridedir. Ara sıra bu mağaraya gelir eğlenir, sonra yine köyümüze döneriz. Hayatımız çobanlıkla geçer.

Kıygar'ın ay meş'alesine benzeyen yüzü ızdırapla gerildi. Hicran ırmakları gönül denizine doğru aktı. Demek ki bu adamlar kendilerini yaratanı, âlemlerin Rabbini, nihayetsiz kudret sahibi olan Allah'ı bilmiyorlardı.

Nasıl bilsinlerdi ki, gözleri bir kerecik olsun hidâyet penceresinden bakmamıştı. Kulakları bir an irşad sesi duymamıştı. Çölün canavar ağzına düşmüşler, hayatın her türlü çilesini çekmişlerdi.

Kıygar'ın kalbi sızladı. Sonra başını önüne eğip derin derin düşündü. Ne yapmalıydı? Cihan bahçesinde boy veren insanlık fidanı cehaletin kurtlarına yem olmuştu. Bu fidanın köküne Marifetullah suyu konmalıydı. Bu insanlar şeytanın ve putların esaretinden kurtarılmalıydı.

Kıygar'ın düşüncelere daldığını gören adamlar sordular:

— Ey bilgin, neler düşünüyorsun?

Kıygar başını kaldırıp mağara arkadaşlarına baktı:

— Ey hayat sazının teline mızrap vuranlar, dedi; sizleri düşünüyorum. Hayat ırmağı nereden çağlayıp, nereye akıyor, siz hiç merak etmez misiniz?

Velid rüzgâr önündeki bir yaprak gibi titredi:

— Düşündüğüm zamanlar olmuştur. Ne var ki, çıkış yolu bulamadım.

— Peki size bir ışık tutan bulunsa ona uyar mısınız?

— Niçin uymayalım?

— O halde anlaştık.

— Evet...

— Şimdi rahatça uyuyabilirim. Sabah olur olmaz bu mevzuyu aydınlatmak için çırpınacağım.

Haris hemen atıldı:

— Ey güneş bakışlı Kıygar, sözü uzatma da hemen yatalım. Zira artık bir nefeslik dermanım kalmadı.

Ve herkes altına birer deri alıp ateşin etrafında yere uzandı. Biraz sonra mağaranın içine derin bir sessizlik perde perde inmişti.

Güzel Sabah

Gece bitmiş, dünya üzerinden karanlıklar kalkmış, güneş ufuklar ötesinde gülümsemeye başlamıştı.

Uykudan ilk uyanan tabiî yine Kıygar olmuştu.

Erkenden kalkmış, Yüce Hakkın huzurunda durmuş, ona karşı kulluk vazifesine koyulmuştu.

Ulvî işini bitirir bitirmez mağaradan dışarı çıktı. Dışarıda hayatın akışı çağlıyordu. Kumlar güneş altında birer altın tanesi gibi kızarıyor, mor tepeli dağlar pırıl pırıl yanıyordu.

Kayaların üstüne koca koca kuşlar oturuyor, arada bir çığlık koparıyordu. Serçelerin cıvıltısı bir tatlı ahenkle çağlıyordu.

Kıygar tekrar mağaraya girdi ve haykırdı:

— Ey Allah'ın kulları, kalkınız, sabah oldu!... Herkes yerinden bir ok gibi fırladı. İhtiyar Haris derin derin soluyarak gözlerini açtı. Arkadaşını dimdik ayakta görünce:

— Sen de insana hiç rahat vermezsin, diye sitem etti.

Kıygar, ihtiyarın yüzüne tatlı tatlı baktı ve dedi:

— Bunu sen istedin, dostum!...

Çobanlar aceleyle ateşi yeniden yaktılar, akşamdan kalan etleri ısıtıp güzel bir kahvaltı yaptılar ve mağaradan dışarı döküldüler.

Kıygar onları başına topladı, gözünü gök kubbeye dikti ve içinden bir ırmak gibi çağladı:

— Dinlemeye hazır mısınız?

Cevap verdiler:

— Hazırız!

— Öyleyse kalbinizin can kulağını açınız ve dediklerimi düşününüz. Siz bir zaman dünyada var mıydınız?

Haykırdılar:

— Yoktuk!

— Peki, sizi yoktan varlık âlemine getiren kimdir?

— Annemiz, babamız!...

— Onları getiren kimdir?

— Anneleri, babaları...

— Ya onları getiren kimdir?

— İlerisini hiç düşünmemiştik.

— Düşünün, düşünmeye değmez mi?

Çobanlar başlarını eğip bir zaman sustular.

Kıygar, göz ucuyla onları süzüyordu. Zavallı çobanların yüzlerinde gölgeler geziniyordu. Nihayet usul usul mırıldandılar:

— Ey bilgin. Dediklerinden hiçbir şey anlayamadık. Daha doğrusu aklımız karıştı. Sen bize işin aslını güzelce anlat.

Kıygar yine onları soru yağmuruna tuttu:

— Ey çöl lâleleri, gözlerinizi gök kubbeye çeviriniz ve şu fezanın derinliklerinde ateşten bir dağ gibi yanan güneşe nazar ediniz. Sabah doğup akşam batan bu güneş neyi ifade eder? Geceler boyu nûr serpen ay, pırıl pırıl yanan yıldızlar şimdi nerede? Evet, işte bütün bunların bir sahibi, bir idare edeni, bir yaratanı vardır ki, o da, eşi ve benzeri bulunmayan Allah'dır. Hepimiz onun kullarıyız, onun verdiği rızıkları yiyoruz. Onun kudretiyle hayat sürüyor, onun emriyle ölüyoruz.

Velid, dev cüssesinden umulmayan bir çeviklikle ayağa fırladı:

— Âh, dedi; bu bilgin adam neler söylüyor!

Hâris hemen atıldı:

— Acele etme çocuğum, daha çok şeyler duyacaksın.

Kıygar kelimelerin üstüne basa basa anlattı:

— Ey çocuklar! Hepimiz Âdem'in evlâdıyız. Âdem ise topraktan yaratıldı. Onun içindir ki öldüğümüz zaman toprağa konuyoruz. Âdem hem ilk insan, hem de ilk peygamberdir. Cihan toprağında saltanat süren bütün insanlar, kâfir ve müslim, hepsi onun evlâdıdır. Ne var ki; müslimler cennete, kâfirler de cehenneme gideceklerdir.

İlk defa Âdem Peygamberin alnına nakşedilen Muhammedî nûr, ondan oğlu Şit Peygambere geçti, ondan da bir başka Peygambere. Ta ki, dedem İbrahim'e kadar İbrahim'den de babam İsmail'e, ondan da bana intikal etti. Dikkat edip alnıma bakınız. O İlâhî ışığı göreceksiniz. Biz, bu nûrun şerefine yaratıldık ve işte onun için bu çöllere düştük. Muradımızı arayıp duruyoruz.

Çobanların gözleri yuvalarından fırlayacak gibi olmuştu. Yüzlerinde hayret çizgileri oynaşıyordu. Bu sözler, birer kamçı olup ruhları üzerine saklamıştı. Titreyen bir sesle yine sordular:

— Ey bilgin, bizim putlarımızın hiç mi değeri yok?

Kıygar alev saçan gözlerini onların gözlerine dikip konuştu:

— Put dediklerinizi kimler yapıyor?

— Biz yapıyoruz.

— Kendi ellerinizle yaptığınız bir taş parçasına nasıl tapıyorsunuz? Halbuki onların insana ne bir faydası, ne de bir zararı dokunmaz. Çünkü cansız birer taş parçasından ibarettirler.

— Gerçekten birer taştırlar. Ne var ki, yine de sıkıntıya düştüğümüzde onlara sığınırız.

— İşte bu hâliniz cehaletinizin eseridir. Size bu da çok görülmez, zira hiçbir peygamberin irşadına şâhid olmamışsınız. Umulur ki bundan sonra şânı yüce Allah'a kulluk edersiniz.

— Onu da tam olarak tanımış değiliz ki. Nasıl bir varlık, nasıl bir kudret? Rabbinin varlığını bize ispat et.

Kıygar oturduğu yerden kalktı, birkaç adım yürüdü, sonra kayalar üstünde kanat çırpan koca bir kartalı eliyle işaret edip:

— Ey benim Rabbim, Efendim, Mevlâm, dedi; alnımdaki Muhammedî nûr hürmetine şu kuşu düşür!...

Kıygar'ın duâsı henüz bitmişti ki, göklerde kanat çırpan koca kartal yüzüstü kumlar üzerine düşüverdi.

Çobanlar beyinlerine yıldırım düşmüş gibi sarsıldılar. Ve çığlığı bastılar:

— Senin Rabbine inandık ey bilgin adam!... Bizi istediğin yere sür, ölünceye dek hizmetinde bulunmaya söz veriyoruz!...

Kıygar'ın dudaklarında tatlı bir tebessüm belirdi:

— Hamd olsun Allah'a, size hidayet nasib etti. O Allah ki, hamd ona mahsustur. Yerde, gökte, denizlerin dibinde, toprağın altında ne varsa hepsi onundur. Her şeyin tek ve yalnız sahibidir.

Ebedilik ırmağını çağlatan, babamız Âdem'i topraktan yaratan, gökleri direksiz tutan, mü'min kullarına hidâyet buyuran O'dur.

O, kullarına acıyan, düşenlerin elinden tutan, kapısına gelenleri boş döndürmeyen bir padişahtır. Mülkün de ortağı yoktur. Tek ve ebedîdir.

O'dur en büyük bir kudret sahibi,
Bin âlem yaratır bu dünya gibi!...

Kıygar'ı can kulağı ile dinleyen çobanların gözleri birden pınar oldu. O kadar gönülden ağladılar ki, ihtiyar Haris de kendini tutamadı:

— Ey devlete eren yiğitler, dedi; saâdet size olsun!

Ve hepsini alınlarından öpüp kutladı.

Artık yapacak tek işleri vardı. Hemen yola revan olmak. Ne var ki, gitmek kolay değildi. Bu defa da başka bir mesele çıkmıştı. Çöl adamları gözyaşları içinde Kıygar'ın ellerine sarılmışlar, yalvarıyorlardı:

— Ey ömür incimizi pembeleştiren bilgin adam! Ne olur, gideceğin yere bizi de götür.

Kıygar düşüncelere daldı:

— Bu mümkün değil, dedi. Çünkü ben bana emanet edilen bir şeyin tecellisini bekliyorum. Kabile kabile geziyor, Fahire isimli bir kadını arıyorum. Bu çöllerde sizleri de peşimde sürüklemeye hakkım yoktur.

Çöl adamları hep birden haykırdılar:

— Müsaade buyur da her birimiz bir istikâmete gidelim ve o talihli kadını bulup sana haber getirelim. Sen bizim köyümüzde istirahat et ve gönlünü hoş tut.

İhtiyar Hâris Kıygar'dan evvel atıldı:

— Hiç de fena fikir değil!... Ne dersin ey efendim?

Kıygar, bu samimi adamları kırmak istemedi:

— Haydi, dedi; düşün önüme köyünüze gidiyoruz!

Çöl adamları sevinç ve saâdetlerinden rüzgâr rüzgâr uçuyorlardı. Kıygar ve Hâris atlarına atlayıp onları takibe koyuldular.

Köy Meydanı

Güneş yükselmiş, çöl buram buram terlemeye başlamıştı. Kum deryası bir buhurdan gibi tütüyor, sıcak sıcak esen rüzgâr yüzleri dalayıp geçiyordu.

Kâh sivri dişli taşlar, kâh kaynayan kumlar insanın ayağını ısırıyordu. Bin zahmetle yol alıyorlardı. Derken uzaktan köy göründü. Küçük küçük kulübelerden ibaret evler sırtlarını yamaçlara dayamıştı. Köyün girişinde hurma ağaçlarından meydana gelmiş bir bahçe ve içinde de kuyu vardı. Hurma ağaçlarının gölgesinde kız çocukları oynuyordu. Bir kadın da kuyudan su çekiyordu.

Velid sesini yükseltti:

— Selma bacı, biraz su getir!...

30-35 yaşlarında genç bir kadındı bu.

Sesin geldiği tarafa doğru dönüp baktığında, yüzünde sanki güller açılmıştı. Beyaz entarisinin içinde bir huri kadar güzel görünüyordu. Kara kara gözleri insanın kalbini yakıyordu. Su gibi çağlayan bir sesle hitab etti:

— Ey Velid, sen misin? Bu vakit nerden geliyorsun?

Velid cevap verdi:

— Evet, benim. Yanımda arkadaşlarım da var. Çöle açılmıştık, biraz geç kaldık.

Genç kadın su tulumunu ağzına kadar doldurup getirdi. Kara kara gözlerini Kıygar ve Hâris'e dikip baktı. Ne ki, gördüğü bu yüzler yabancıydı.

Başını eğip mırıldandı:

— Buyurunuz, suyu getirdim!...

Velid, kartal pençesine benzeyen elini uzatıp suyu aldı ve arkadaşlarına takdim etti.

Kıygar'ın yüreği hararetten duman duman tütüyordu. Tulumu başına dikip içti. Güzel yüzünde bir başka güzellik oynaşmaya başladı.

— Elhamdülillah, dedi; ne güzel bir su.

Ve herkes sıra ile sularını içtiler. Genç kadına teşekkür edip yine yürüdüler.

Köyün meydanına gelmişlerdi ki, görülmemiş bir gürültüyle karşılaştılar. Genç, ihtiyar, kadın, erkek, çoluk çocuk toplanmış, meydanın ortasında bulunan puta adakta bulunuyorlardı.

Kimi hasta çocuğunun şifa bulmasını diliyor, kimi evlâd sahibi olmak muradını izhar ediyor, kimi de sürülerinin çoğalmasını istiyordu.

Mankafalı ve boncuk gözlü put, ismi gibi hissiz ve donuk duruyordu.

Kıygar atını kalabalık üzerine sürüp haykırdı:

— Ey insanlar, ne yapıyorsunuz?

Cevap verdiler:

— Dilek diliyoruz!...

— Cansız, hissiz bir taştan mı?

Gözler birden hayretle açıldı. Neredeyse Kıygar'ın üzerine atılıvereceklerdi. Bunu hisseden Velid ileri yürüdü ve dedi:

— Durunuz!...

Herkes donup kaldı.

Kıygar fırsatı ganimet bildi ve kalabalığa hitab etti:

— Ey insanlar! Size ne faydası, ne de zararı dokunmayacak bir taş parçasına nasıl tapıyor, nasıl ondan yardım istiyorsunuz? Sizi ve bizi yaratan, gökleri yıldızlarla donatan, suları çağlatan, rızkınızı veren Allah'a asî mi oluyorsunuz?

Kafanıza iki hakikat penceresi açan, hayat damarınıza can bahşeden, sizi hiç yoktan var eden Yüce Allah'a iman ediniz!...

Kıygar sözünü tamamlayamadı. Çünkü etraftan üstüne taş yağdırmaya başlamışlardı. Köylüler avaz avaz bağırıyorlardı:

— Kimdir bu yabancı ki, putlarımıza hakaret ediyor! Yabancıya ölüm!

Kalabalık dalgalandı:

— Yabancıya ölüm!...

Velid ve diğer çobanlar Kıygar'ın önüne dikildiler ve onu köylülerin hücumundan korumaya çalıştılar ve haykırdılar:

— Durunuz, bizi dinleyiniz, cahillik etmeyiniz!...

Şeytan suratlı biri yayını gerdi ve Kıygar'ın göğsünü nişan aldı. Velid bir şahin gibi uçtu, adamın elinden oku aldı, pençelerini gırtlağına geçirip sıktı, sıktı.

Adam cansız yere düştü.

İşler büsbütün karışmıştı. Eline taşını alan, sopasını alan saldırıyordu. Artık Kıygar'ın da sabrı taşmıştı. Kılıcını sıyırdı, atını şaha kaldırıp gök gibi gürledi:

— Eğer ölmek isteyen varsa gelsin!...

Köylüler siner gibi oldu. Fakat biraz evvel Velid'in öldürdüğü adamın kardeşleri ileri atıldılar ve öfkeyle haykırdılar:

— Kana kan isteriz!...

Kalabalık yeniden deli deli dalgalandı:

— Kana kan isteriz!...

Bir başkası:

— Velid'e ölüm, diye bağırdı.

Kalabalık hep bir ağızdan aynı sözü haykırdı:

— Velid'e ölüm!...

Velid dimdik duruyor, kendi köylülerinin bu hâline şaşıyordu. Elinden istemeyerek bir kaza çıkmıştı. O, onu öldürmese idi, Kıygar şimdi hayatta olmayacaktı.

Yaşlı bir kadın dövüne dövüne Velid'in önüne geldi:

— Ne yaptın, â oğul? diye çıkıştı.

Bu kadın Velid'in annesiydi. Velid, ışık ışık yanan gözlerini annesinin gözlerine dikip tane tane konuştu:

— Ey benim anam! Ben artık puta tapanlardan değilim. Senin dahi putları inkâr etmeni ve Yüce Allah'ı tanımanı istiyorum!...

Yaşlı kadının yüzü buruş buruş oldu:

— Sen aklını kaçırmışsın â çocuk!...

Sonra oğluna biraz şaşkınlık, biraz öfke ile bakıp oradan uzaklaştı.

Kıygar atını ileri sürüp şöyle seslendi:

— Mâdem ki bize inanmıyorsunuz, o halde bırakın da yolumuza gidelim. Boş yere kan dökmeyelim. Velid ve arkadaşları da benimle gelsinler.

Yaşlı bir köylü itiraz etti:

— Olmaz! Siz gidin, fakat Velid'i götüremezsiniz. Onu cezalandırmamız gerekiyor!...

Köye ne ümitle gelmişlerdi, nelerle karşılaşıyorlardı. Kim bilir bu çileli başlarına daha ne belâlar gelecekti.

İhtiyar Hâris donuk gözlerle olanlara bakıyor, korkudan titriyordu. Kanatlanıp kuş olmak ve bu belâ çemberinden kurtulmak ne saâdetti. Eyvah ki, şimdi ondan da mahrumdu.

Üç beş kişi Velid'in üzerine atıldı. Velid bir silkinişte üzerindekileri attı ve kaşla göz arasında Kıygar'ın terkisine atladı, avazı çıktığı kadar bağırdı:

— Sür atını ey Kıygar!...

Kıygar soylu atının başını çöle doğru çevirdi, yelesine bir şaplak vurup koyverdi.

Soylu at olanları sezmişti. Rüzgâr gibi uçmaya başladı. Köylüler neye uğradıklarım anlayamadılar. Şaşkınlıkla arkalarından bakınıyorlardı.

Hâris de aynı yönde atını sürdü.

Şaşkınlıktan istifade eden Velid'in arkadaşları hemen meydandan sıvıştılar. Kendilerine birer at tedarik edip Kıygar'ın ardınca sürdüler. Nihayet bir konaklık ötede onlara yetiştiler, atlarından inip hasretle kucaklaştılar ve dediler:

— Bu belâdan bizi kurtaran Allah'a hamd olsun!...

Akşamın alacakaranlığı çöllerin üzerine bir çarşaf gibi örtülmüştü. Güneş batmış, çölün terlemesi son bulmuştu. Gecenin habercisi çırçır böcekleri ötüşüp duruyorlardı. Hafiften bir rüzgâr esiyor, insanın ciğerine işliyordu.

Kıygar ve arkadaşları bir zaman yol gittiler. Gece bütün serinliği ile onları kucak kucak sarıyordu. Nihayet bir yamacın dibinde mola verdiler.

İhtiyar Hâris bitkindi. Hiç konuşmuyor, sık sık nefes alıyordu. Kıygar onu teselli etti:

— Üzme tatlı canını, yolumuz yâre gider.

Haris acı acı öksürdü:

— Artık bizden iş geçmiş, ey efendim!...

Yine aceleyle çalı çırpı toplayıp bir ateş yaktılar. Ateşleri de iki taşı birbirine vurup çıkan kıvılcımla kavı tutuşturmaktan ibaretti. Kav burcu burcu kokarak dumanını koyveriyordu.

Atların terkisindeki yiyeceklerini indirdiler, ateşin etrafına dizilip karınlarını doyurdular ve kendilerini uykunun kollarına teslim ettiler.

Yedi arkadaş derin bir uykuya dalmıştı. Tedbir almak hiçbirinin aklına gelmemişti. Halbuki arkalarında çılgın bir topluluk bırakmışlardı. Onlar köyden ayrıldıktan bir müddet sonra köylülerin aklı başlarına gelmiş, atlanıp, silâhlanıp peşlerine düşmüşlerdi.

Gece belki de onları bulamayacaklardı. Ne var ki, ateşin şevkini tâ uzaktan görmüşler, hiç sezdirmeden oraya kadar sokulmuşlardı.

Üç beş tanesi kumlar üzerinde sürüne sürüne Velid'in başucuna kadar geldi. Birden başına bir çuval geçirip onu havaya kaldırdılar. Kaşla göz arasında atlarına binip köyün yolunu tuttular.

Velid, neye uğradığını anlayamamıştı bile. Sadece bir kere haykırabildi:

— Yetişin, baskına uğradık!...

Kıygar yerinden fırladı. Ne çâre ki olanlar olmuştu. Hemen arkadaşlarını ayağı ile dürtüp kaldırdı:

— Davranın, Velid'i kaçırdılar!...

İhtiyar Hâris esefle etrafına bakındı:

— Vah anan öle, ey Hâris!...

İstemiye istemiye atına atladı. Kıygar'ın peşinden kapıp koyverdi. Artık rüyada mı yoksa bir başka âlemde mi olduğunu bilmiyordu.

Kıygar geç kalmıştı.

Köylüler Velid'i götürmeyi başarmışlar, onu bir yere kapatmışlardı. Sabahı beklemekten başka çâre yoktu. Onlar da öyle yaptılar. Bir duvarın dibine sinip güneşin doğmasını beklediler.

Velid'in Başına Gelenler

Güneş ufuklar ötesinden başını gösterir göstermez köyde bir kaynaşmadır başladı. Meydan cıvıl cıvıl insanlarla kaynıyordu. Ne çabuk da toplanmışlardı.

Meydanın ortasına bir direk dikmişler, direğin tepesine de bir ip takmışlardı. Demek ki, Velid'i idam edeceklerdi.

Kıygar ve arkadaşları saklandıkları yerden meydanı süzüyorlardı. Atlarını hazırda tutuyorlar, bir müdahale için fırsat gözlüyorlardı.

İşte Velid getiriliyordu. Elleri arkadan bağlanmış, oklar böğrüne dayanmıştı.

Velid yine de dimdik duruyor, yüzünde korkunun eseri görünmüyordu.

Nihayet direğin altına getirip ellerini çözdüler ve ipi boynuna taktılar.

Meydan büyük bir gulgule ile inliyordu.

Kıygar arkadaşlarının kulağına eğilip plânını anlattı:

— Bu insanların bir anlık gafletinden istifade edeceğiz. Şöyle ki; Velid sehbaya çekilir çekilmez ben atımı süreceğim, içinizden biriniz bir kılıç darbesiyle ipi kesecek ve Velid'i kaptığımız gibi aksi istikâmette çöle doğru son sürat uçacağız.

Yanlış bir hareket Velid'in hayatına malolur. Atlarımızı aynı anda meydanın ortasına süreceğiz ve kimseye göz açıp kapama fırsatı vermeyeceğiz.

Kıygar ve arkadaşları son hazırlıklarını da yaptılar. Dikkat kesilip meydanı süzmeye başladılar.

Henüz Velid'in ipi çekilmemişti. Alev alev yanan gözlerini çılgın insanlara dikmiş bakıyordu. Yüzü geceler gibi karanlık bir adam Velid'e doğru ilerledi, bir kahkaha atıp öküz misâli böğürdü:

— Ey Velid! Haydi seni inandığın o büyük kudret kurtarsın!...

Velid, adamın yüzüne okkalı bir tükürük fırlattı:

— Leş kargası, iğrenç putçu!

Bu söz kâfiri çıldırtmaya yetti. Ani bir hareketle Velid'in ipini çekti ve haykırdı:

— Geber, ey Velid!...

Meydan alkıştan, davul sesinden gümbürdüyordu... Köylülerin bu taşkınlığı dudaklarında donup kaldı. Çünkü Kıygar ve arkadaşları bir şimşek gibi meydanın ortasına düşmüşler:

— Destur, yâ Allah!...

Deyip Velid'in ipini kesmişler ve onu kaptıkları gibi rüzgâr rüzgâr uçmaya başlamışlardı.

Kıygar atını tepiklemişti. Soylu at kişneyerek ileri atıldı. Mesafeleri yuttu, yuttu, yuttu.

Köylüler peşlerinden alık alık bakakalmışlardı. Yine ilk toparlanan Velid'in cellâdı olmuştu. Deli deli bağırdı:

— Ne duruyoruz, atlanıp peşlerine düşelim!...

Yaşlı bir köylü:

— Olmaz, dedi; artık yeterince eğlendik! Bu gözü kara adam köyümüze bir kötülük yapabilir. Değil mi ki, bunca insanın arasından arkadaşını alıp kaçtı. Boş bir adam değil bu!...

Köylüler isteksiz isteksiz meydanı terk ettiler.

Kıygar, kum deryasında bir şahin misâli uçuyordu. Kendisine yetişmek ne mümkün, ne de imkân dâhilindeydi.

İhtiyar Hâris'in gözleri karardı ve son bir gayretle haykırdı:

— Ey Kıygar, soylu efendim! Yeter, altındaki atı çatlatacaksın. Ben de ölmek üzereyim!...

Kıygar ancak o zaman durmayı akıl edebildi. Atının dizginlerini kastı:

— Ey kartalım, dedi; teşekkür!... Büyük bir iş başardın!...

At, ön ayaklarıyla kumları eşmeye başladı. Böylece binicisinin sözlerine karşılık vermiş oluyordu.

Kıygar, Velid'i bir külçe gibi kumların üzerine attı. Velid dahi böyle bir şey ummuyordu. Ölümün eşiğinden dönmüştü. Ellerini boğazında gezdirdi, ipin sıktığı yerler hâlâ acıyordu. Buruş buruş olan yüzüne tatlı bir tebessüm kondurup arkadaşlarına teşekkür etti:

— Ey benim can yoldaşlarım, Yüce Allah iki cihanda da muradınızı versin! Sağ olun, nûr olun!...

Sonra gözlerini arkadaşları üzerinde gezdirdi:

— Hâni, dedi; yaşlı dostumu göremiyorum? Hepsi de etraflarına hayretle bakındılar. Hâris'i unutmuşlardı, Haris bu heyecana daha fazla dayanamamış, atın üstünden düşmüş, kumlara bir çivi gibi çakılmıştı.

Kıygar derhal ayağa kalktı, geldikleri istikâmete doğru koştu, koştu. İşte yaşlı adam biraz ötede upuzun yatıyordu. Yoksa ölmüş müydü? Yüreği acı ve ızdırapla çırpındı.

Hayır!... Hâris derin derin nefes alıyordu. Ne var ki, baygındı.

Eğilip kalbini dinledi.

Kalp makinesi tık tık atıyordu. Buna sevindi, yüzünde görülmemiş bir ışık dalgası gezindi, arkadaşını kucakladığı gibi omzuna alıp yürüdü.

Arkadaşlarına seslendi:

— Çabuk su tulumunu kavuşturun!...

Velid, yaralı bir ceylân gibi yerinden sıçradı, su tulumunu kaptı ve koştu:

— Yettim, ey benim aziz efendim!.

Kıygar, Hâris'in başını dizine almış yüzündeki kumları eliyle silmeye çalışıyordu.

Velid'in getirdiği su tulumunu Hâris'in başından aşağı döktü. Hâris bir müddet sonra kuruyan dudaklarını dili ile ıslatarak inledi:

— Neredeyim? Vay başım!...

Sonra gözlerini araladı ve olanları hatırlamaya gayret etti. Rüyadan uyanır gibi silkindi. Beyninde şimşekler çaktı, akıl kuşu kanat çırpmaya başladı.

Kıygar, ihtiyar dostunun yüzüne gülerek bakıyordu:

— Ey ömür ırmağını dost gölüne akıtan Hâris, dedi; neredeyse seni kaybedecektim. Senin ölümün beni fazlasıyla üzerdi. Çünkü bu çöllere benim yüzümden düştün.

Hâris elini havaya kaldırıp indirdi:

— Öyle deme â mübarek yoldaşım!... Bu ihtiyarı kahretmek mi istersin? Ben senin fazlına inandım, gönül gönül çağlayarak peşine düştüm. Bu yolda helâk olsam gam yemem.

Çöl yine terlemeye başlamıştı.

Güneş, yine çölü ateşten oklarıyla dövüp duruyordu. Kumların her biri ateşten bir mermiydi.

Kıygar ve arkadaşlarının yürekleri bir alev gibi çırpınıyordu. Çölün ortasında, ateş çemberinin içinde nefes bile almak güçleşmişti. Bir sığınak bulmaları gerekiyordu. Ama nasıl bulacaklar, nereye gideceklerdi?...

Velid yerinden kalktı, gözlerini ufuklar boyu gezdirdi ve dedi:

— Ey benim sevdiklerim. Bana müsaade ediniz. Bütün bu sıkıntılara ben sebep oldum. O halde bir çâre bulmalıyım!...

Kum deryasının içinde yalpalayarak yürüdü. Arkadaşları ardınca baktılar. Nihayet gözden kayboldu.

Epey bir zaman yol aldıktan sonra üç beş hurma ağacından ibaret bir yere vardı. Üstelik burası kervanların konak yeriydi. Bir de su kuyusu vardı. Yüzü sevinç ve saâdetle aydınlandı. Hemen izi üzerinde geri döndü.

Koşuyordu. Bir nefes durmadan çölü yara yara ilerliyordu. Arkadaşlarının görebileceği bir yere kadar nefes nefes gitti ve avaz avaz bağırdı:

— Koşun, koşun, kurtulduk!...

Velid'in gür sesi çölün sinesini ürpertti. Kıygar yerinden fırladı:

— Davranın, dedi; Velid bizi çağırıyor!...

Hepsi birden ayağa kalktılar. Hararetten şarha şarha olan dudaklarını tulumdaki kaynamış su ile ıslattılar. Atlar da bitkin ve perişandı. Son bir gayretle atlara bindiler ve çöle doğru sürdüler.

Yaşlı adam atın üstünde yine zor duruyordu. Ne yapsın ki başka bir çâre de yoktu.

Kum deryasında ağır ağır yol alıyorlardı. Hayli zaman sonra başlarının üzerinde gölgeler gezinmeye başladı. Gözlerini havaya kaldırıp baktılar. Ak ak bulutlar kümelenmişti gökyüzünde. Sevinç ve saâdetle çırpındılar:

— Yüce Allah imdadımıza yetişti. Ona hamd olsun!...

Gerçekten de tatlı bir gölge başlarının üstünde duruyordu. Sanki bir kudret şemsiyesi güneşin önüne perde oluvermişti.

Nihayet hurma ağaçlarının bulunduğu noktaya vardılar. Gün de bitmek üzereydi.

Hemen kuyudan su çekip kana kana içtiler, atlarını suladılar ve ağaçların altına uzandılar.

Yüzlerine yeniden kan gelmişti. Hâris bile iyice toparlanmıştı, ak saçları dimdik duruyordu.

Kıygar'ın yüzündeki ışık görülecek şeydi. Muhammedî nûr alnında bir elmas gibi parıldıyor, ona bir başka güzellik veriyordu.

Bir zaman onun nûr yüzüne bakıp durdular. Bütün yorgunluklarını unutmuşlardı.

Kıygar, bu samimi dostlarına acıyordu. Onları da çöllere sürüklemişti. Artık bu hâle bir son vermenin zamanıydı.

Oturduğu yerden kalkıp sağa sola bakındı. Sonra gözlerini arkadaşları üzerinde gezdirdi ve dedi:

— Ey benim canlarım! Buralarda epeyce vakit geçirdik. Asıl gayemize dönmek zamanıdır. Ne dersiniz, gecenin serinliğinde yola revan olalım mı?

Dostları ona cevap verdiler:

— Sen öl de, biz orada ölürüz!...

Kıygar hepsini teker teker kucakladı, gözleri iplik iplik yaş döküyordu.

Henüz güneş batmamıştı, dünya üzerinden son ışıklarını çekiyordu. Ufuklar bir ateş gibi kızarıyor, rüzgâr hafif bir meltemle yüzleri okşuyordu.

Oturup iyice dinlendiler.

Hâris kendinden umulmadık bir hareketle ayağa kalktı. Kendisine ilham mı gelmişti ne? Dili inciler saçmaya başladı:

Lütfet, atma beni nâre İlâhî,
Bilirim sendedir çâre İlâhî!

Merhem-i lûtfunu eylerim taleb,
Sine pür, sine pür yâre İlâhî!...

Garibim, bikesim, dünya çölünde,
Başladım bin türlü zâre İlâhî!...

Ömür bitti; ziyan ziyan, hep ziyan;
Can incim geçmedi kâre İlâhî!...

İsmini anmada gönül dudağım,
Lûtfeyle bu günahkâre İlâhî!...

Hâris'in bu pınar pınar çağlayışı Kıygar'ın gönlünde fırtınalar kopardı. Gözleri de yaş döküyordu.

Bir ilham perisi de onun başında dönüyordu. Bir hâl vardı bu akşam. Yoksa çileleri son mu buluyordu?

Başını dimdik tutup gözlerini fezanın derinliklerine çevirdi ve içinden geldiği gibi çağladı:

Yâ İlâhî, aşkın ile,
Yananlardan eyle bizi!...

Yâ İlâhî, şevkin ile,
Dönenlerden eyle bizi!...

Senden lûtuf, senden ihsan,
Yâ Kerimallah, yâ Subhan,

Son nefes îman ile can
Verenlerden eyle bizi!...

Velid ve diğerleri de ayağa fırladılar. Allah, Allah, diye dönmeye başladılar.

Gönüllerini bir tatlı huzur hevenk hevenk sarmıştı. Ne oluyordu, hiçbiri anlayamamıştı. Bütün yorgunluklarını atmışlar, bedenlerine taze bir can gelmişti.

Görünmez bir el sanki başlarını tel tel okşuyordu.

Başbaşa verip düşündüler. Bu hâlin de Kıygar'ın alnındaki nûrun bir tecellîsi olduğunu anladılar. O nûr hürmetine, çöl kendilerine Cennet bahçelerinden bir bahçe oluvermişti.

Yeni bir şevkle atıldılar:

— Haydi, yola revan olalım. Bu defa aradığımızı bulacağız!...

Tam atlarına binip harekete hazırlanıyorlardı ki, yine garip garip sesler duydular. Kıygar kılıcını sıyırdı ve dedi:

— Tedbirde kusur etmeyelim!...

Beklediler...

Gecenin karanlığında bir şeyler kıpırdıyordu. Dikkat edip baktılar, kendilerine doğru develer geliyordu. Demek ki bu bir kervandı.

Kervan hurma ağaçlarının altında mola verdi.

Herkes su tulumunu alıp kuyunun başına koştu. Kıygar ve arkadaşlarını görmemişlerdi bile.

Yorgun ve bitkin adamlar kumlar üzerine serildiler. İçlerinden biri öfkeyle bağırdı:

— Ey Zeyd, ne duruyorsun? Çabuk bir ateş yak ve yiyecek bir şeyler hazırla.

Zeyd, yerlere kadar eğilip efendisini selâmladıktan sonra işe koyuldu. Derhal bir ateş yaktı. Ateşin üzerine bir su kabı koyup kaynatmaya başladı.

Artık çay hazırdı.

Sepetlerinden helvalar, hurmalar, zeytinler çıkarıp efendisinin önüne getirdi.

— Buyrunuz, velinimetim!...

Adam elini henüz yemeğe uzatmıştı ki, Kıygar birden karşısına dikilip:

— Afiyet olsun dostum, dedi.

Kervancıbaşı bu sesin sahibine hayretle baktı. Karşısında kılıcı elinde, atı yedeğinde yiğit bir adam duruyordu. Biraz ötede de birkaç adam daha.

Yüzünde kandan eser kalmadı, iyice korkmuştu. Peltek peltek konuştu:

— Basıldık mı yoksa?

Kıygar adamın hâline güldü:

— Öyle gibi bir şey!...

Kervancıbaşının bütün vücudu tir tir titriyordu. Ne yapabilirdi ki, fena kıstırılmıştı. Kıygar'ın bakışlarından büsbütün ürktü, yerinden kalkıp yalpalayarak Kıygar'ın önüne kadar gelip eğildi ve inledi:

— Canımı bağışlayın da kervanım sizin olsun!...

Kıygar, adamı omuzlarından tutup kaldırdı, gözlerini gözlerine dikip baktı ve gülümsedi:

— Korkma dostum, biz soyguncu değiliz!... Kervancıbaşının bedenine sanki yeniden can gelmişti, şevkle haykırdı:

— Peki neden kılıcın elinde?

Tek cevap aldı:

— Sadece bir tedbir!...

— Kimsin, nesin, bu çöllerde ne arıyorsun?

— İsmim Kıygar, İbrahim hânedanındanım, İsmail oğluyum!...

— Şükür Rabbime, demek bir peygamber oğlu ile karşı karşıyayım!...

— Evet, öyle!...

— İşte buna çok sevindim.

— Benim babamın peygamber olduğunu nereden biliyorsun?

— Ben Hazret-i İbrahim'in dini üzereyim. O sebeple bilmekteyim.

Kıygar elinden kılıcını attı ve adamın boynuna sarılıp onu hevenk hevenk sardı.

Bu arada Hâris ve diğerleri de koşmuşlar, kervancı ile Kıygar'ın kucak kucağa birbirlerine sarıldıklarını görüp sevinç ve saâdetle dolmuşlardı.

Kervancıbaşı kendisini tanıtmak ihtiyacını duydu:

— Adım Câbir, Cürhüm kabilesindenim!...

Yüce Allah, Kıygar'a yardım ediyordu. Gecenin bu vaktinde, çölün bu noktasında, yıldızların altında, ay meş'alesinin ışığında bir tatlı huzur bulmuştu.

Kıygar, başından geçenleri tane tane anlattı ve sözünü şöyle bağladı:

— İşte ey Câbir, bu candan arkadaşlarımla çöllerde kavrulmamızın sebebi. Oymak oymak geziyor, Fahire isimli bir kadını arıyoruz. Rüyamda bana bildirildiğine göre o kadın Arap ırkından soylu biridir.

Câbir hayret ve dehşetle anlatılanları dinliyordu. Kıygar susunca başını ellerinin arasına alıp düşüncelere daldı. Sonra birden kara gözlü bir ceylân gibi yerinden fırlayıp avaz avaz bağırdı:

— Müjde! O aradığın kadın bizim kabilemizdedir!...

Kıygar da ayağa fırladı, titrek bir sesle sordu:

— Ne dedin, ne dedin?

Câbir deniz deniz köpürdü:

— Müjde, müjde! Muradına ermek üzeresin!...

— Nasıl?

— Nasılı yok dostum! Fahire bizim melikimizin kızıdır, güzelliği dillerde destan olan bir dilberdir. Gerçekten senin gibi soylu birine lâyıktır.

Kıygar'ın gür sesi çöllerin kalbini titretti:

— Ey arkadaşlar, davranın, hemen gidiyoruz!...

Kervancı bir kahkaha koyverdi:

— Bunca zaman sabrettin, bir gece daha duramıyor musun, â dostum?

Kıygar kesip attı:

— Duracak zaman değil!...

— O halde müsaade et de, yemeklerimizi yiyelim, hayvanlarımızı sulayalım, yüklerimizi kontrol edelim ve ondan sonra yola koyulalım!...

Aceleyle yemekler yendi, hayvanlar sulandı, bütün hazırlıklar ikmal edildi ve Câbir'in sesi bir şimşek gibi gürledi:

— At binin gidiyoruz!...

Kervan ağır ağır harekete geçti...

Cürhüm Kabilesi

Cürhüm kabilelerinden bazıları Mekke civarında mekân tutmuşlardı. Soylu insanlardı bunlar.

Güneş ufuklar ötesinden başını gösterirken Kervan da menziline varmıştı.

Cürhümlüler kalkmış evlerinin önüne dökülmüştü. Genç bir adam evin damına çıkmış gözlerini ufuklara dikmişti. Bir zaman ufukları süzdü, sonra aradığını görmüş olacak ki çığlığı bastı:

— Müjde, ey Cürhümlüler, kervanımız geliyor!...

Birden görülmemiş bir kaynaşma başladı. Herkes beyaz entariler içinde sokaklara dökülmüştü. Küçük çocuklar bile el çırparak çığlık atıyorlardı:

— Kervan geliyor, kervan geliyor!...

Cürhüm melikinin konağının balkonunda genç ve güzel bir kadın belirmişti. Ülker yıldızı gibi parlayan yüzünü ufuklara döndürmüş bakıyordu. Halkın kaynaşması dikkatini çekmişti. Cariyesini çağırıp sordu:

— Ne oluyor bu insanlara?

Câriye bir kuş gibi cıvıldadı:

— Kervanı karşılıyorlar, ey sahibem!...

Güzel kadın tatlı tatlı gülümsedi. Bu sabah içinde bir çağlayış, bir başka his vardı. Gönlü sanki pınar olmuştu da ebediyet gölüne akıyordu. Nazlı haber kuşları sanki başında kanat çırpıyordu. Güneş bile saçlarının tellerini altın huzmeleriyle tarayıp duruyordu. Hurma ağaçlarının dallarında şakıyan serçe kuşları bir şeyler demek istiyordu; ama, ne olduğunu anlamak imkânsızdı.

Ay yüzlü dilber kendi düşüncelerinin denizinde yüzerken kervan da gelip yüklerini indirmişti. Herkes birbiriyle kucaklaşıp hasret gideriyordu. Nihayet ortaklıktaki kaynaşma son buldu. Güneşin harareti de beyinleri delmeye başladı. Şimdi sokaklarda kimsecikler kalmamıştı, bu yakan, eriten, kavuran, arı gibi sokan güneşin altında kim durabilirdi ki?..

Câbir, Kıygar ve arkadaşlarını evine almış, izzet ve ikramda bulunmuş, istirahat etmeleri için altlarına hurma liflerinden yapılma yataklar sermişti. Çamur kerpiçlerden meydana gelen küçük bir odanın içinde şimdi derin bir uykuya dalmışlardı.

Bir zaman sonra Kıygar yine bir rüyanın saltanat arabasına binmiş gidiyordu:

Önünden bir ırmak akıyordu. Köpük köpük çağlayan sular yüksek kayalardan aşağı düştükçe billûr katreler yüzüne sıçrıyordu. Her damla sonra bir çağlayan olup onu yutuyordu. Irmağın kenarı söğüt ağaçlarıyla doluydu, mis gibi bir koku etrafa yayılmıştı. Çiçekler, çemenler içinde ceylânlar otluyordu.

Kıygar okunu eline almış, bir ceylâna doğru tutmuştu. Tam tetiği çekecekti ki, nûr yüzlü bir ihtiyar bileğine yapışıp haykırdı:

— Ey Kıygar! Yüce Allah seni ceylân avlamak için yaratmadı. Aradığın bu kabilededir, hiç vakit geçirme, alnında taşıdığın nûru sahibine teslim et!...

Kıygar birden gözlerini açtı. O da ne?

Hiçbir şeyden eser yoktu. Ne ırmak, ne ceylân, ne ihtiyar, ne çiçek ve ne çemen.

Demek ki yine rüya görmüştü. Başını esefle salladı:

— Ne olurdu, dedi; hayat o kadar güzel olsa!...

Sonra arkadaşlarını uyardı:

— Kalkınız, emir geldi, gidiyoruz!...

İhtiyar Hâris gözlerini aralayıp sordu:

— Ne emrinden bahsediyorsun, â efendim?

— Şundan bahsediyorum ki, muradımız hâsıl olacaktır.

— Yine bir şey anlamadım!

— Güzel bir rüya gördüm.

— Şu mes'ele...

— Evet... O mes'ele! Biriniz Câbir'e seslensin. Hemen harekete geçiyoruz.

Velid kalktı, oda kapısını açıp seslendi:

— Câbir, Câbir!...

Bir başka odadan Câbir'in boğuk sesi yükseldi:

— Ne oluyor?

— Acele gel!

— Hemen geliyorum!...

Ve Câbir eteklerini sürüye sürüye oda kapısından içeri süzüldü. Kıygar'ı ayakta bulunca hayretle baktı:

— Buyurunuz, soylu efendim!...

Kıygar çiçek çiçek bir tebessümle baktı Câbir'e:

— Ey Câbir, hazır mısın?

— Şimdi hazır olurum.

— Davran, hemen gidiyoruz!...

— Nereye?

— Cürhüm Melikine.

Daha tek kelime konuşmadılar. Câbir hazırlandı, misafirlerinin önüne düştü ve konağın yolunu tuttu.

Çöl İncisi

Gün akşama merdiven dayamıştı. Ufuklar tatlı bir pembelikle kızarıyordu. Melik'in konağı güneşin son damla ışıklarıyla çölün ortasında bir inci gibi parıldıyordu.

O zamana göre hayâl bile edilemeyecek kadar güzel bir konaktı bu.

Konağın önü beyaz beyaz taşlardan döşenmiş, yol boyunca tek sıra hâlinde hurma ağacı dikilmişti. Hiç de umulmayacak kadar güzel bir bahçesi vardı.

Konağın giriş kapısında üç asker nöbet tutuyordu. Ellerinde kılıçlar ve oklar.

Yüzleri güneşten kavrulmuştu. Derilerinin yer yer kavladığı göze çarpıyordu.

Câbir arkadaşlarından ayrılıp ilerledi, askerlerin karşısına varıp selâm verdi. Sonra geliş sebeplerini anlattı. Askerin biri aksileşti:

— Haydi oradan, deli misin, nesin?

Diğer asker onun sözünü kesti:

— Dur, acele etme. Melikimiz bize emir vermedi mi, kim gelirse konağınım kapısı ona açıktır diye?...

— Verdi, verdi de, bunların gelişi beni güldürüyor...

— Kararı sen mi vereceksin, Melik mi?

— Elbette Melik!...

— O halde bırakalım da talihlerini denesinler.

Câbir sevinçle arkadaşlarına el salladı. Kıygar sevinçle küt küt yürüyerek geldi ve konak kapısından içeri adımını attı.

Konağın balkonunda yine o huri yüzlü kadın oturuyordu. Birkaç yabancının gelmekte olduğunu görünce dikkatle baktı.

Hayır!... Aşina bir yüz değildi. Tekrar dikkatlice baktı. Gözüne çarpan ilk şey Kıygar'ın parıldayan alnı olmuştu.

Bu nasıl bir ışıkla ülker yıldızı gibi parlıyordu. Sanki güneşin nûru bu adamın alnına bir top inci olup konuvermişti.

Genç kadının gönlüne sıcak bir su akıverdi. Bu hâle kendisi de şaştı. Sonra yüzü pençe pençe gerildi.

Elindeki çıngırağı üç defa salladı. Hemen câriyesi koştu, yerlere kadar eğilip çağladı:

— Buyurunuz, sahibem!...

Ay yüzlü kadın ellerini kaldırıp gelenleri işaret etti:

— Git, şu adamların niçin geldiklerini öğren. Babamla ne konuşurlarsa bana harfi harfine anlatacaksın.

— Emrin başım üstüne!...

— Biraz elini çabuk tut, çünkü heyecandan titriyorum.

Câriye balkon kapısından içeriye bir buğu gibi süzüldü. Ve koşar adım merdivenleri indi.

Misafirler de kapıdan içeri henüz giriyorlardı. İçlerinden birinin yüzü bir ışık çağlayanını andırıyordu. Dikkat edip baktı. Hayır, bu tanıdık bir yüz değildi. Ne var ki, bütün yüzlerden güzel bir yüze mâlikti.

Melik makamında oturuyordu. Koltuğunun iki yanında iki heybetli asker duruyordu.

Câbir birden ürperdi. Fakat kendisini çabuk toparladı, küt küt yürüyerek Melik'in huzuruna kadar varıp onu selâmladı. Melik başını kaldırıp Câbir'in yüzüne nazar etti ve sordu:

— Ne istiyorsun?

Câbir'in bacakları birbirine dolaşıyordu. İlk defa elçilik yapacaktı, o da bir Melik'in huzurunda. İçinden geldiği gibi konuştu:

— Ben elçiyim, ey şanlı Melik'im! Sizinle bir mesele görüşmek isteyen misafirlerim var. Onları huzurunuza kabul ederseniz minnettar kalacağız!...

Melik gülümsedi:

— Buyursunlar, kapımız herkese açıktır!...

Câbir sevinç ve saâdetinden uçacak gibi oldu. Kıygar'a bir el işareti yaparak gelmesini söyledi.

Kıygar bir âbide ihtişamiyle dimdik duruyordu. Sonra asaletle yürümeye başladı. Melik'in huzuruna can attı ve onu saygı ile selâmladı. Melik birden ayağa kalktı, elini Kıygar'a uzattı:

— Hoş geldin, ey yabancı! Buyur, otur, derdini anlat!...

Kıygar gösterilen yere oturdu. Melik'in gözleri Kıygar'ın üzerine çakıldı. Kıygar tane tane konuşmaya başladı:

— Ey Melik! Ben Hazret-i İbrahim hânedanındanım. İsmail Peygamber'in oğluyum. Adım Kıygar. Bana emanet edilen bir şeyi sahibine ulaştırmakla vazifeliyim. Rüyamda Fahire isimli bir kadınla evlenmem emredildi. O da sizin kerimeniz imiş. Allah'ın emriyle ona talibim!..

Melik'in yüzünde görülmemiş bir ışık nokta nokta oynaştı. Yerinden kalkıp Kıygar'ın boynuna atıldı ve dedi:

— Aynı rüyayı ben de gördüm! Bugüne kadar hep bu ânı bekliyordum. Nerde kaldın, ey mübarek adam?

Bu konuşmaları kelimesi kelimesine duyan câriye bir kuş gibi hanımının yanına koştu. Yüreği neredeyse göğsünü delip dışarı fırlayacaktı. Kapıya bir tekme vurup kendisini balkona attı:

— Âh, dedi; ne saâdet dolu bir gün!...

Genç kadın bir şey anlayamamıştı. Câriyenin yüzüne sert sert taktı:

— Ne oluyorsun, â kadın? Duyduklarını çabuk anlat.

Câriye ak çiçekli bir gül dalı gibi titriyordu. Elâ gözleri kıvılcımlar saçmaya başladı:

— Ey sahibem, dedi; müjde!... O adamlar senin için gelmiş. Melik babandan resmen seni istediler.

Fahire, beynine yıldırım düşmüş gibi sarsıldı ye haykırdı:

— Mümkün değil!...

— Neden?

— Çünkü beni alacak olan adam rüyamda bana gösterildi. O olmadıkça kimseye gitmem. Hem Melik babam da beni rastgelene vermez...

— Bu adamın, o olmadığı ne malum?

— İmkânsız. Onun bir peygamber çocuğu olması lâzım.

— İşte şimdi aradığını buldun ey sahibem!...

— Nasıl?

— Biraz evvel bu kulaklarımla duydum ki, o adam bir peygamber oğlu olduğunu söylüyordu.

Fahire, rüzgâr önünde sürüklenen bir yaprak gibi yerlere kapandı. Duyduğu haber yüreğine mızrak mızrak saplanıvermişti. Yıllardır bu ânın hasretiyle kavruluyordu. Allah'tan hep bu güne ermesini dileyip duruyordu. Nihayet muradı hasıl oluyordu. Şimdi nasıl olur da heyecan duymaz, bir pınar gibi çağlamazdı.

Hanımının renginin sarardığını gören câriye korku dolu gözlerle ona sokuldu, ellerinden tutup koltuğuna oturttu, içeriye koşup kokular getirdi ve sordu:

— Ne oluyorsun, ey sahibem?

Fahire'nin dudakları bir yay gibi gerildi:

— Beklediğim gün geldi, onun için seviniyorum!...

— Sevinmek hakkındır, ey sahibem!...

Düğün ve Ziyafet

Yüce Allah'ın lûtfuyla Kıygar aradığını bulmuştu. Cürhüm Meliki onu şevk ve saâdetle karşılamış, hiç de ummadığı bir dostlukla gönül gönül sarmıştı.

Kıygar şerefine güzel bir ziyafet veriliyordu.

Konağın sedef taşlarla döşenmiş bahçesi şimdi yeni bir kaynaşmaya şahid oluyordu. Kabilenin ileri gelenleri toplanmış, Melik'in çevresinde birer pervane gibi dönmeye başlamıştı.

Konağın giriş kapısına koca bir kazan konmuş, içi hurma şerbetiyle doldurulmuştu. Yoldan geçen herkese şerbet ikram ediliyordu.

Nihayet Kıygar ve arkadaşları misafir edildikleri odadan çıkıp konağın bahçesine doğru yürüdüler. Bütün gözler Kıygar'ın üzerindeydi. Kıygar'ın alnı bir ülker yıldızı gibi parlıyordu. Bu ışığı görenler hayretle birbirlerinin yüzüne bakıyorlar ve mırıldanıyorlardı:

— Görülmüş şey değil!... Ne kadar güzel bir yüz, ne kadar tatlı bir ışık!

Melik yerinden kalkıp Kıygar'ı karşıladı ve dostlarına şunları söyledi:

— Ey Cürhümlüler! Aramızda mübarek bir zât vardır. Yıllar önce gördüğüm bir rüya şimdi hakikat olmuştur. Siz de şahid olunuz ki, kızım Fahire Sultanı bu zâta nikahlıyorum!...

Konağın bahçesinden göklere doğru bir uğultu yükseldi:

—Allah mübarek etsin, Aziz Melikimiz!...

Bundan sonra o zamanın Arap âdetince düğün yapıldı. Kıygar Fahire ile evlenip orada kaldı. Kıygar'ın can yoldaşları dahi o kabileye yerleşip ömürlerinin incilerini toplamaya başladılar.

Zaman ırmağı akıp gidiyordu. Derken nice yıllar bir su gibi aktı ve bir sabah güneş doğarken yeni bir can dünya bahçesine düştü. Kıygar'ın bir oğlu oluyordu.

Cürhüm Beyinin konağı yeni bir heyecanla ırmak ırmak çağlıyordu. Kıygar bahçeye çıkmış, çiçekler arasında geziniyor, gönlünün tâ derinliklerinden gelen bir hisle Yüce Allah'a yalvarıyordu:

— Ey Rabbim, diyordu; bana salih bir oğul ver!...

Ve bir çocuk çığlığı konağın tâ dışına kadar taştı.

Kıygar hemen içeri koşup haykırdı:

—Oğlumu gösterin bana!...

Beyaz ipekler içinde gülümseyen bir bebek Kıygar'ın kucağına verildi. Kıygar, gönül dudaklariyle bu güzel bebeğin alnından defalarca öptü, öptü. Nazar edip gördü ki, kendi alnındaki Muhammedî nûr, bu bebeğin alnına nakşedilmiştir. Sevincinden bulut bulut uçmaya başladı.

Çocuğun adını Hamel koydular. Nice yıllar yine akıp gitti. Nihayet Hamel büyüyüp kendini bilecek çağa geldi. O zaman Kıygar, oğlunun elinden tutup ona:

— Yavrucuğum, dedi; gel seni deden İbrahim'in yaptığı Beytullah'a götüreyim. Orada bulunan mübarek makamları sana göstereyim. Bundan böyle, orayı her zaman ziyaret edesin, ne muradın var ise muradına eresin.

Baba oğul yola düştüler. Mekke yakınındaki nûr dağına geldiklerinde karşılarına bir insan çıktı ve şöyle dedi:

— Ey Kıygar, nereye gidiyorsun?

Kıygar gülen gözlerle adama baktı:

— Bu oğlumu, dedi; Kâbe'ye götürüyorum. Allah'ın evini ziyaret ettireceğim!

— Güzel bir şey! Fakat evvelâ benimle görülecek bir işin var!...

Kıygar hayretle baktı;

— Seninle ne işim olur ki, â Âdem?

— Her can taşıyanın benimle işi vardır!

— Yine tek kelime anlamadım!...

— Şimdi anlarsın...

— O halde sözünü söyle de bizi yolumuzdan alıkoyma.

—- Hele benim yanıma gel; sana gizli bir şey söyliyeceğim!...

Kıygar adamın yanına gitti. Ne var ki, onun insan suretine girmiş ölüm meleği olduğunu anlamakta gecikmedi. Ölüm meleği oracıkta Kıygar'ın ruhunu kabzeyledi.

Hamel olanlara hayretle bakıyordu. Babasının düşüp öldüğünü görünce fena halde kızdı. Tanımadığı ölüm meleğine öfkeyle bağırdı:

— Ey adam! Babamı niçin öldürdün?

Sonra bir kartal gibi üzerine atılmak istedi. Ne ki, ölüm meleği ondan korkacak biri değildi. Şöyle dedi:

— Bir bak, baban gerçekten ölmüş mü?

Hamel varıp babasının başucunda diz çöktü. Ne çâre ki, babası çoktan ruhunu teslim etmişti. Dönüp baktı.

Hayret!... Hiç kimsecikler yoktu. Gözlerini etrafında gezdirdi, son ihtimal gökler. Melek çoktan göklere yükselmişti bile.

Anladı ki bu bir insan değil, ölüm meleğidir.

Oracıkta babasının namazını kıldı, onu kara toprağın bağrına verip geri döndü.

Filiz Filiz Fışkıran Nesil

Kıygar oğlu Hamel, Cüveyde namında bir hanımla evlendi. Ondan Leys adında bir oğlu oldu.

Leys büyüyüp bulûğ çağına gelince o da bir başka soylu kadınla evlendi. Onun da Hemisa isminde bir oğlu oldu.

Hemisa'nın Eded namında bir oğlu dünyaya geldi.

Eded'in de Âd namında bir oğlu oldu.

Âd'ın da Adnan namında bir mübarek oğlu oldu.

Kâinatın Efendisinin Adnan'a gelinceye kadar neseb-i latifleri ve silsile-i şerifleri nokta nokta, çizgi çizgi tam olarak bilinmiyor. Bilinen sadece Hazret-i İbrahim ve Hazret-i İsmail'dir.

İbn-i Abbas (Radıyallahü Anh):

— İsmail'den Adnan'a gelinceye kadar 30 tanedir!...

Demiş, fakat bu zatların isimlerini saymamıştır. Allah'ın Sevgilisinin pâk nesebleri, babası Abdullah'tan Adnan'a kadar ittifakla sabittir.

Araplar neseb ilmine çok kıymet verirlerdi ve her kabile, kendi soyunu ezberlerdi. Kabilelerin birbirine göre üstünlüğü olduğundan, her biri kız alıp vermekte mutlaka kendi dengini arar ve gözetirdi.

Yüce Allah'ın lûtf ve keremiyle Hazret-i İsmail'in evlâdı ve torunları çoğaldı. Bütün Arap Yarımadası'nın her tarafına dağıldılar. İçlerinden Adnanoğulları, onlar içinde Mudaroğulları, onlar arasında Kureyş kabilesi, Kureyşliler içinde de Hâşimî kolu hepsinden çok şeref ve fazilet sahibi oldu.

Şimdi işin en can alıcı noktasına gelmiş bulunuyoruz: İkinci kademe, Adnan'dan Kâinatın Efendisine kadar şöyle geliyor:

Adnan, Mead, Nizar, Mudar, İlyas, Müdrike, Huzeyme, Kinâne, Nadr, Mâlik, Fîhr, Galib, Lüey, Kâab, Mürre, Kilâb, Gusay, Abd-i Menaf, Hâşim, Abdülmuttalib ve Abdullah.

Nûr-i Cihanın annesi Hazret-i Âmine, pederleri cihetinden üç batın yukarıda "**Ali Hâşim**" in de ceddi bulunan "**Kilâb**" da, Allah Resulünün pâk nesebiyle birleşiyor.

Muhammedî nûrun, alınlarında yıldız yıldız kümelendiği bu güzel insanları tek tek selâmlayıp geçelim:

Adnan:

İkinci kademenin nesil başı ötesi tâ Hazret-i İbrahim'e kadar uzanan ve karanlıkları delen bir ışık ipliği.

Mead:

Onu da yakından tanımak imkânından mahrumuz. O da bu nûru taşıdığına göre şan ve şerefte ötekilere ortak.

Nizar:

Az mânasına.

Bu adın verilmesi de enfes:

Doğumunda babası, mini mini oğlunun alnında Muhammedî nûrun bir ülker yıldızı gibi parladığını gördü. Görür görmez de inciler dolu gönlü denizler misâli dalgalandı. Sevinç ve saâdetinden pervaneler gibi dönmeye başladı. Kavmini topladı, ziyafetler verdi ve dedi:

— **Böyle oğul için, bu kadar ziyafet azdır!**

Ve bu vasıflandırış, küçük yavruya isim oldu.

Nizar bulûğ çağına gelince Sevde isimli temiz bir hanımla evlendi. Bu hanımdan da Mudar dünyaya geldi.

O da gayet güzel bir insandı. Alnında aynı pırıltıyı taşıyordu. Sesinin güzelliği dillerde destan.

Öyle ki, tılsımlı nağmelerle develeri harekete getiriyor ve onlara yorgunluklarını unutturuyordu.

Bu âdet, Araplarda, ondan kalma.

İlyas:

Kâbe'de kurban kesmek ondan kalma.

Müdrike, Huzeyme, Kinâne, Nadr, Mâlik...

Bunlar dahi bizim için sis perdelerinin ardında.

Fihr:

"Fihr" avuç dolusu taş demek. Fihr'in asıl ismi Kureyş'tir.

Ve ona nisbetle çocuklarına Kureyşli denilmiştir. Kureyş'i kuran ve isimlendiren de o.

Galib ve Lüey:

Onlar da Muhammedî nûru alınlarında taşıyanlar ve sahibine kadar aktarmakla vazifeli zincirin halkalarından. Yüzleri pırıl pırıl, tıpkı ayın ondördü gibi.

Kâab:

Lüvey oğlu Kâ'b, cuma günleri kavmini toplayarak onlara hutbe okurdu ve şöyle derdi:

— Ey insanlar! Son Peygamber Kureyş'ten ve benim nesebimden gelecektir. Kim ona yetişirse kendisine îman etsin, canla başla hizmetine koşsun!...

Kâb'ın torunlarından Kusay Kureyş kabilesi içinde emsalsiz bir kişi idi. Kainatın Fahri'nin 4. kuşaktaki dedesi. Mekke'yi o idare ediyordu. Yine Mekke'yi mahallelere o bölmüştü. Her kabileyi kendi ayırdığı noktalara o yerleştirmişti.

Kâbe'nin perdedarlığı, hacıların su ihtiyacını karşılama, hacıları ağırlama, savaşa çıkarken bayrak dikme, Mekke meclisini idare etme gibi en mühim işler onun elindeydi.

Kâbe hizmeti, aslında Hazret-i İsmail'in evlâd ve torunlarındayken sonra bu şerefli ve kudsî hizmet Cürhüm kabilesine geçmiş; sonra göç ederek Mekke yakınında yaşayan Huzâa kabilesi, bir aralık açıkgözlülükle Kâbe hizmetini ve Mekke idaresini ele geçirmişti.

Kusay fırsat gözlüyordu. Nihayet bir gün aradığı fırsatı buldu ve Kâbe'nin anahtarını Huzâa'dan aldı. Ondan sonra artık Kâbe hizmeti tamamiyle Kureyş kabilesinde kaldı.

Kusay'ın Zühre isminde bir kardeşi vardı. Zühre'nin evlât ve torunları çoğaldı ve Kureyş kabilesi içinde şeref buldu. İşte âleme Rahmet olan Cenâb-ı Muhammed'in (sallallahü aleyhi ve sellem) annesi Âmine Hatun onun soyundandır.

Şimdi buraya bir nokta koyup asıl mevzumuz olan Anneler Sultanı Hazret-i Âmine'ye bir pencere açalım.

Yine hayâl kuşumuz bu vadilerde kanat çırpacak, nice ufuklar, nice ak tepeli dağları aştıktan sonra kim bilir hangi bahçede karar kılacak.

Gönlümüz şen, yolumuz açık olsun...

İKİNCİ BÖLÜM

Şanlı İnci ve Anneler Sultanı Hazret-i Âmine'nin doğumundan Peygamber pederi Hazret-i Abdullah'la evlenmesine kadar. Ve bu kısım da sadece tarihî hâdiselerin hayâl aynamıza akseden ışıklarından ibaret olacaktır. Hazret-i Âmine'nin anne ve babasını da tanımış olacağız.

Bir Başka Dünya

Zaman ırmağı hikmet çağıltılariyle akmış, nice asırlar, nice devirler gelip geçmişti. Artık cihan bir başka cihandı.

Artık insan bir başka insandı.

Artık dudaklar hep kilitliydi.

Artık Peygamberlerin adı unutulmuş, tevhîd nağmeleri duyulmaz olmuştu. Hazret-i İbrahim'den, Hazret-i İsmail'den, Hazret-i İsa'dan bu yana neler de unutulmuştu.

İnsanlar kendi elleriyle yaptıkları putlara ibâdet ediyorlardı. Yüce Allah'ın mübarek ismini anacak diller yoktu.

Bütün bir âlem şeytanın ve putların esaretindeydi. Meydanlarda zebaniler horon tepiyordu.

Çeşmelerden nûr yerine kir akıyordu.

Vadilerden de gül yerine zakkum.

Hazret-i İsâ dünya ufkundan çekileli 550 sene olmuştu.

Onun müjdelediği Son Peygamberden henüz bir eser yoktu. Son Nebinin dedesi Abdülmuttalib 50 yaşını geçmişti.

Sadece Abdülmuttalib ve birkaç soylu kişi Yüce Allah'ın adını anıyor, bir sıkıntıya düştükte gönül gönül çağlayarak Allah'a yalvarıyordu. Topyekûn insanlık dalâlet bataklığında çırpınıyordu.

Mekke'de yine akşam olmak üzereydi.

Güneş son ışıklarını ufuklar üzerine cömertçe serpmişti. Göklere boy vermiş koca koca kayalar gün boyu yanıp durmuş, taşların sinesi simsiyah kesilmişti.

Bir adam sırtını hurma ağacına dayamış düşünüyordu, öyle derinlere dalmıştı ki, başucuna kadar gelip sokulan güzel kadını görmemişti.

Onun bu kadar daldığını gören güzel kadın bir su gibi çağladı:

— Ey Veheb! Ne düşünüyorsun böyle?

Veheb, başını kaldırıp baktı ve tatlı tatlı gülümsedi;

— Sen misin, ey Berre?

— Benim ya!...

— Gel otur...

— Oturmak kolay da, sen soruma henüz cevap vermedin.

— Nasıl bir cevap beklerdin, ey Berre?

— Seni çok zamandır hep düşünceli görüyorum. Bir derdin olmalı, fakat hayat arkadaşına bile açmıyorsun. Umarım bu defa gönlünü kanatan şeyi öğrenirim!...

— Öğrenmekte ısrar edersen ben de gönlümün ukdesini çözerim.

Beyaz entariler içinde bir pervane gibi dönen genç kadın Veheb'in karşısına geçip oturdu. Akşamın serin rüzgârı nar çiçeğine benzeyen yüzünü okşayıp geçti

Kara kara gözlerini Veheb'in gözlerine dikip bir ceylân gibi baktı. Ve dedi:

— Çok zaman seni anlayamıyorum, ey Veheb!...

Veheb elini uzatıp Berre'nin ellerini tuttu. Bu kadifeden daha yumuşak elleri muhabbetle sıktı.

Berre utandı.

Güzel yüzünde benekler belirdi. Veheb, Berre'nin al al olan yüzüne bir daha baktı. Sanki onu ilk defa görüyordu.

Berre bu bakışlardan da sıkıldı:

— Ey Veheb, dedi; ne oluyorsun, beni yeni mi gördün?

Veheb artık hanımını üzmek istemiyordu. Gönlünde sakladığı sırrı ona açmalıydı. Açtı da, söze şöyle başladı:

— Ey Berre, ey can sazımın mızrabı! İsterim ki bizim de bir çocuğumuz olsun!... Hem öyle bir çocuk ki, nâmı bütün dünyayı tutsun.

Berre yerinden kalkıp Veheb'e sokuldu ve bir su gibi çağladı:

— Yüce Allah'ın kudret ve azametine inanırsın değil mi?

Veheb hemen atıldı:

— Elbet inanırım!...

— O halde niçin ondan istemiyoruz?

— Güzel söylersin hanımım. Ondan istemek lâzım. Her şey onun yed-i kudretinde olduğuna göre dilerse bize de hayırlı bir evlât ihsan buyurur.

Karı koca oracıkta ellerini ulvîlik âlemlerine kaldırıp tâ gönüllerinden gelen bir hisle duâ ettiler.

Henüz ellerini indirmemişlerdi ki, gökleri inleten bir sesle ürperdiler:

— Koşun, koşun! Çocuğum kaçırıldı!...

Bu bir kadın sesiydi. Veheb hemen kalkıp küt küt yürüdü, Berre de ardınca koştu. Kadının çığlığını takip edip koşturarak sesin sahibini araştırıyorlardı. Nihayet birkaç sokak ötede sesin sahibini buldular.

20 yaşlarında çiçekler kadar taze bir kadın yerlere kapanmış ağlıyordu, gözlerinden iplik iplik yaşlar akıyor, saçını başını yoluyordu:

— Âh, diyordu; minicik kızım zâlim babanın cehline kurban oluyor!...

Berre kadının kollarından tutup kaldırdı:

— Neler oluyor, ey Hâle?

Hâle ırmak gibi çağlayan gözlerle Berre'ye baktı ve eliyle ileriyi işaret ederek inledi:

— Neler olmuyor ki... Babası olacak adam küçücük kızımı kaptığı gibi şu istikâmette koşup gitti. Kız doğurduğum için beni suçladı. Çocuğumu helâk edeceğinden korkarım!...

Veheb işi anlamıştı. Yüzü acı ve ızdırapla damar damar gerildi. Berre de fena halde korkmuştu. Çünkü o da bir kadındı, o da bir kız çocuğu dünyaya getirebilirdi. Başına böyle bir felâket gelecek olsa yaşayamazdı.

Veheb, Berre'yi orada bırakıp adamın peşine düştü.

Bir hayli gitti.

Gecenin karanlığı Mekke üzerine perde perde inmişti. Fahişeler, ahlâksızlar, sarhoşlar köşe başlarını tutmuştu.

İleride, koca bir kayanın dibinde kıpırtılar vardı. Usul usul oraya kadar sokuldu.

Genç bir adam gecenin karanlığında yerleri eşiyordu. Arada bir durup etrafına bakınıyor ve tekrar toprağın bağrını deliyordu.

İşte çocuğunu canlı canlı kara toprağa gömecek adam bu olmalıydı.

Veheb biraz daha yanaştı. Dikkat edip baktı, bir taşın dibinde beyaz örtüler içinde bir şey vardı.

Tâ oraya kadar sokuldu. Evet, işte mini mini yavru hiçbir

şeyden habersiz yatıyordu. Baba olacak zâlim de kendi eliyle kızına mezar kazıyordu.

Veheb'in beyninde şimşekler çaktı. Gecenin karanlığından da istifade ederek elini küçük kızın kundağına uzattı ve onu kaptığı gibi yine hiç görünmeden karanlığın bağrına saplanıp gözden kayboldu.

Genç adam hâlâ yerleri eşiyordu. Kan ter içinde kalmıştı. Nihayet çocuğu yutacak kadar bir kuyu meydana getirdi ve elindeki kazmayı yere atıp tükürdü:

— Lanet olsun böyle evlâda!...

Adamın sesi kara kara taşlara çarpıp yankılar yaptı:

— Lanet olsun böyle evlâda!...

Dönüp etrafına bir nazar attı. Hiç kimsecikler yoktu. Ya bu ses nereden geliyordu? Korkuyla ürperdi. Acele etmeliydi. O da öyle yaptı, çocuğu bıraktığı taşın yanına koştu.

Gözleri hayret ve korkuyla açıldı.

Çocuk yok olmuştu.

Çırpınmaya, başına topraklar saçmaya başladı. O yana, bu yana koştu, hayır, hayır!... Küçük kızın kundağı uçmuştu.

Putların gazabına mı uğradım yoksa, diye düşündü. Sonra bu düşünceden de vazgeçti. Hırsından ağlıyordu. Beceriksizliği yüzünden arkadaşlarına maskara olacaktı. Varıp kadının canına okumalıyım, dedi.

Kalktı, koşar adım karanlığın kalbine saplandı...

Veheb, küçük kız kucağında koşa koşa Berre'nin ve Hâle'nin yanına gelmişti. Kapıyı sert yumruklarla dövdü:

— Tak, tak, tak!...

Berre seslendi:

— Kim o?

Cevap verdi:

— Ey Berre, hemen gel! Çocuğu buldum, bize götürüp saklayalım. Hâle'ye de söyle gönlünü hoş tutsun!...

Berre bir kuş gibi sokak kapısına uçtu. Az sonra da gözden kayboldular.

Aradan bir saat kadar ancak geçmişti ki, Hâle'nin kapısı büyük bir gürültüyle ardına kadar açıldı. Gözleri yuvalarının içinde fır fır dönen genç bir adam kapıyı tekmeliyor ve avaz avaz bağırıyordu:

— Ey Hâle, seni geberteceğim!...

Hâle zaten bitkin ve perişandı. Yerinden zorla doğrulup ayağa kalktı, duvara tutunarak birkaç adım attı. Karşısında çılgına dönmüş kocası duruyordu. Kızımı ne yaptın? diye sormaya cesaret edemedi. Sadece başını eğip inledi:

— Ne oluyor sana, ey Amr?

Fakat bu söz dudaklarında noktalandı. Amr yumruklarını sıkıp zavallı kadının yüzüne şiddetle indirdi.

Kadının dişleri bir kum tanesi gibi yerlere döküldü, kanlar boğazına hücum etti.

Amr bir sırtlan gibi canavar pençelerini Hâle'nin gırtlağına geçirdi ve sıktı, sıktı:

— Kız doğurursun öyle mi?

Hâle son bir defa daha çırpındı ve hareketsiz kaldı. Amr, yine de hırsını alamamıştı. Birkaç tekme de kadının ölüsüne savurdu ve onu taşlar üzerine bırakıp kapıdan bir yel gibi çıktı.

Hâle artık ölmüş bulunuyordu. Taşların üzeri bir kan gölüydü. Ne var ki, bu kanlar ne ilk ne de son olacaktı...

Bir Kuş Kadar da İdrak Yok

Yine bir sabahtı.

Yine güneş ak tepeli dağlar ardından başını çıkarmış bakıyordu. Mekke üzerindeki karanlık kalkmış, aydınlık bütün dünyayı bürümüştü.

Veheb'in konağının bahçesindeki hurma ağacının dalında bir serçe kuşu yuva yapmıştı. Yuvasında da yavruları vardı.

Veheb erkenden kalkmış, konağın balkonuna çıkmış etrafa bakıyordu. Serçe kuşunun kanat çırpışını gördü. Kuş bile bir damlacık kalbiyle evlâtları üzerine titriyordu.

Nereden bulduysa bir solucan yakalamış, yuvasına getirmiş, gagalarını açan yavrularının ağzına veriyor, sonra da cıvıl cıvıl ötüyordu. Bu manzara o kadar hoşuna gitti ki, geri dönüp içeriye seslendi:

— Berre, Berre!...

Berre koşup geldi:

— Ne oluyor, â efendi?

Veheb eliyle hurma ağacının dalındaki serçe yuvasını gösterdi:

— Bak, ey Berre!... Şu kuş bile yavrularına karşı ne kadar merhametli. Bir de akşamki hâli düşün!... Kendi öz evlâdını canlı canlı gömecek kadar vahşîleşen insanları düşün!... Düşünmeye değmez mi?...

Berre'nin gözleri buğulandı:

— Korkuyorum, ey Veheb!...

— Neden?

— Ben de bir kadınım, bir kız çocuğu doğurabilirim.

— Ve ben onu elinden alır canlı canlı kara toprağa gömerim, öyle mi?

— Senden böyle bir şey ummam, ey Veheb! Ne var ki, yine de korkuyorum!

Veheb gülen gözlerle Berre'nin yüzüne nazar etti. Sonra ona sokulup saçlarını tel tel okşadı ve konuştu:

— Gönlünü hoş tut, ey Berre! Ben o câhillerden değilim!...

Güneş yavaş yavaş yükseliyordu. Birazdan dünya yangın tarlasına dönecekti. Yeryüzü ısınmaya başlamıştı bile.

Mekke'nin etrafını çeviren koca koca kayalar birer ateşten dağ oluverecekti.

Mekke bu... Bunun sıcağı arı gibi insanı sokardı. Gecesi dahi bir başka sıcaktı.

Veheb ile Berre konağın balkonunda başbaşa verip konuşmaya dalmışlardı. Neden sonra bir çocuk çığlığı ile kendilerine geldiler. Ve hayretle birbirlerinin yüzlerine baktılar.

Akşamki olanları ne çabuk unutmuşlardı.

Canavar babanın elinden kurtarıp getirdikleri küçük kız işte içeride çığlık atıyordu.

Berre yerinden kalktı:

— Âh, dedi; bebeği unuttuk!...

İçeri koştu.

Küçük yavru gözlerini açmış, parmağını ağzına almış emiyordu. O kadar bir masum bakışı vardı ki insanın içini yakıyordu.

Berre şefkatle kucakladı yavruyu. Bir zaman ışık ışık yanan gözlerine baktı. Yanaklarını okşadı. Çocuk ona gülümsüyordu.

Berre'nin gönül denizi dalgalanmaya başladı. İlk defa böyle bir güzel bebeğe sahip olmayı diledi. Sonra çocuğun acıkmış olacağını düşünerek hizmetçisine seslendi:

— Ey Semiyye!...

18-20 yaşlarında bir kız kapıdan içeri süzüldü:

— Buyurunuz, ey sahibem!...

— Şu yavruya bir şeyler hazırla.

Semiyye toprak çanaklar içinde hurma ezmesi getirdi. Çocuğun ağzını açıp dili üzerine sürdü. Hurmanın tadını alan yavru yalanarak yemeye başladı.

Bu arada Veheb de içeri gelmişti.

Manzaraya baktı ve ilk defa bu çocuğu ne yapacaklarını düşünmeye koyuldu. Evet, onu ölümden kurtarmışlardı. Fakat bu yetmiyordu ki. Çocuğun annesi vardı. Evlâdının ayrılığına tahammül edebilir miydi? Bir anneyi evlâdından ayırmak olmazdı. Karar verdi, çocuğu Hâle'ye götürecek, babası olacak adama da nasihat edecekti.

Durup bir müddet daha güzel yavrunun gülüşlerini seyretti:

— Ey Berre, dedi; artık bu yavruyu annesine götürelim!...

Berre'nin içinden bir şeyler kopar gibi oldu. Acılar yüreğine mızrak mızrak saplandı. Gözleri birden yaşlarla doldu.

Veheb nazar edip gördü ki, bu yaşlar şefkat ve merhametin tatlı damlalarıdır. Bundan çok memnun oldu. Böyle bir zevcesi olduğu için sevinmeliydi. Sevinç ve saâdetle ileri atıldı, Berre'nin ellerinden tutup onu ayağa kaldırdı:

— Beni bahtiyar ettin, dedi; sana çok teşekkür ederim!...

Berre kara gözlü bir ceylân gibi naz ve edâ ile çırpındı:

— Ey Veheb! Haydi bu yavruyu annesine götürelim!...

Ve küçük yavruyu kucaklarına alıp sokaklara daldılar. Mekke sokakları yine insanlarla doluydu.

Köşe başlarında, yüksek taşlar dibinde sızıp kalmış sarhoşlar vardı. Ahlâksız kadınlar evlerinin damına bayrak asmışlardı. Kimisi de sıcak kumların üzerine sere serpe yatmıştı.

Bu yürekler kanatan manzaraya nefretle baktılar. Yine de bu yollardan geçmek mecburiyetindeydiler.

Kıvrım kıvrım uzayan sokaklardan akıp gittiler. İşte Hâle'nin evine gelmişlerdi bile.

Kapıya yanaşıp dikkat kesildiler.

Ses ve hareket yoktu. Bu kadına ne olmuştu ki sessizliğin denizinde yüzüyordu.

Veheb kapıya yanaşıp vurdu:

— Tık, tık, tıkkk!...

Cevap veren yoktu.

Bir daha denedi. Yine ses yok.

Bu defa Berre seslendi:

— Hâle, Hâle! Aç kapıyı biz geldik, çocuğunu getirdik sana!...

Ne var ki, yine Hâle'den bir ses çıkmıyordu. Hayretle birbirlerinin yüzüne baktılar ve dediler:

— Hâle'ye bir şey olmasın?

— İçeri girip baksak.

— Bakalım!...

Sokak kapısını yavaşça açıp içeri girdiler. Girmeleriyle beraber baştan ayağa titrediler. Hâle taşlar üzerinde ve kanlar içinde yerde yatıyordu. Evde hiç kimseler yoktu.

Başucuna varıp baktılar. Kadın çoktan ölmüştü. Daha doğrusu kocası tarafından öldürülmüştü. Berre bir alev gibi çırpınmaya başladı:

— Ne yapacağız, ey Veheb?

Veheb de üzgündü. Ne yapabilirdi ki. Bir kadın, kız doğurdu diye kocası tarafından bu hâle getiriliyordu. Kadının insanlar indinde bir böcek kadar değeri yoktu, insanlığın cehalet damarı kabarmıştı, putların ve şeytanın saltanatı sürüyordu.

Çaresizlik içinde başını salladı Veheb. O yana bu yana bakındı. Ne ki, imdat edecek durumda değildi:

— Çocuğu alıp gidelim, dedi; artık bunun anne ve babası biz oluruz!...

Geri dönüp bir iki adım atmışlardı ki, karşılarında Amr'ı sırıtır bir vaziyette gördüler.

Amr, körkütük sarhoştu.

Akşam bir işi becerememiş, çocuğunu gecenin karanlığında kaybedememişti. Arkadaşları kendisiyle alay ediyorlardı.

Amr'ın kan yuvası gözleri Veheb'in kucağındaki yavruyu görmekte gecikmedi:

— Demek çocuğu yanımdan kaçıran sendin, ey Veheb?

Veheb gülümsedi:

— Bendim, ey Amr!... Senin bir cinayet işlemene mani oldum. Ne var ki, bu defa da sen çocuğunun annesini öldürdün. Yaptıklarını beğeniyor musun?

Amr, utanacak, sıkılacak, özür dileyecek yerde büsbütün adileşti ve avaz avaz bağırdı:

— Size ne oluyor, ey Mekke'nin soyluları? Çocuk benim değil mi, onu gecenin kalbine veririm gider.

— Peki, bu çocuğun günahı ne?

— Kız olmak!...

— Ama senin annen de bir zaman böyle bir kızdı. Onu da helâk etselerdi şimdi sen dünyada olmayacaktın.

— Bana masal okuma ey Veheb!... Kızımı ver de onun işini bitireyim. Zira o benim alnımda kara bir leke olarak kalacaktır.

— Senin gibi babaya yazıklar olsun. Artık bu kızı ben ve Berre beraber büyüteceğiz. Hiç kimse senin kızın olduğunu bilmeyecek. Çekil yolumuzdan da gidelim!...

Sarhoş adam yere okkalı bir tükrük attı:

— Bir yere gidemezsin, ey Veheb!...

Veheb fena halde kızdı ve haykırdı:

— Sen çıldırmışsın be adam!...

Amr, bir it gibi sırıttı:

— Hiç de öyle değil!...

İşlerin böyle bir hal aldığını gören Berre korkuyla titredi. Yüzünün rengi kaçtı, gözleri karardı. Arkasını duvara verip ayakta durmaya çalıştı. Fakat işler gittikçe karışıyordu. Veheb'in de sabrı tükenmişti:

— Ey Berre, dedi; şu çocuğu kucağına al. Benim Amr ile bir hesabım olacağa benzer.

Ve çocuğu Berre'nin kucağına attı, aynı anda da müthiş bir yumruk savurdu.

Sarhoş adam neye uğradığını anlayamadı bile. İki büklüm oldu, tekrar doğruldu. Çenesine müthiş bir yumruk daha gömüldü. Bu defa yüzüstü yerlere kapaklandı.

Artık kendinden geçmişti.

Veheb ve Berre aceleyle orayı terk ettiler. Yavruyu kendi evlerine getirip hizmetçiye teslim ettiler ve dediler:

— Bu yavruyu bakıp büyüteceksin, artık o bizim bir parçamızdır!...

Amr'ın İntikamı

Amr, gün boyu sıcak taşlar üzerinde baygın ve bitkin yattı. Akşamın ılık rüzgârları yüzleri okşamaya başlayınca da yavaş yavaş gözlerini açtı. Doğrulmak istedi, beceremedi. Çenesi fena halde ağrıyordu, dişlerinden bazıları da dökülmüştü.

— Bana ne oldu? diye düşündü.

Hurma suyu insanda akıl mı bırakıyordu ki...

Bu lanet olası şarap küpte durduğu gibi durmuyordu, nasıl bir belâ ise insanın aklı ve idrakini de alıyordu.

Bir zaman yerlerde debelenip sürüklendi. Sonra kalkmaya muvaffak oldu:

— Lanet olsun böyle talihe, dedi ve yürüdü. Ayağı bir şeye takılıp yine yüzü yerleri öptü. Fakat ayağına takılan neydi? Dikkat edip baktı, akşamın karanlığında zor seçebiliyordu. Yerde yatan Hâle idi. Kanlar içinde soğumuş bir vücut.

Korkuyla yerinden sıçradı. Bu defa da başını duvara çarpıp tekrar ölü kadının üstüne düştü, can havliyle bağırdı:

— Kurtarın beni!...

Sesini kendisinden başka duyan olmadı. Çılgın bir hareketle tekrar sıçradı. İşte ayaktaydı. Derhal sokak kapısına yürüdü, kapıya bir tekme vurup araladı ve sokağın birine dalıp gitti.

Kafasında kara kara düşünceler vardı.

Şeytan da kendisine yol gösteriyordu. Zaten insanlar o günlerde İblislerin oyuncağı değil miydi? Hâ Amr olmuş, hâ bir başkası...

Bütün kötülükleri bürüyen gizleyen gece yine Mekke'nin üstüne bir kâbus gibi çökmüştü. Amr, karanlık sokaklarda yalpalayarak yürüyor, bir yandan da dudaklarını ısırarak kanatıyordu.

Karanlık gece yürekleri ürpertirken kuytulardan da sarhoşların naraları yükseliyordu. Ahlâksızlık bir tufan hâlini almıştı. Çapulculuk ve putçuluk insanlığın yakasında akrepleşmişti.

Amr, sarhoşların yanına gidiyordu. Kafayı çekecek, ondan sonra da plânını uygulayacaktı.

Şeytan onun kalbine kazma vuruyordu. Diyordu ki:

— Ey Amr! Yiğitlik öldü mü? Güzel bir bıçak tedarik et ve onu zehire batır. Sonra da bir yere gizlen. Ve fırsat bulunca da Veheb'in ciğerini bu bıçakla del. Senin elinden çocuk almayı ve alnında kara bir leke olarak taşıtmayı görsün.

Amr'ın kalbine çakılan bu çivi hiç de fena değildi. Amr, bir sırtlan gibi sırıttı. Fakat lânetli yüzünü karanlık perde perde örtmüştü. Bu yüzü biri görmüş olsaydı iğrenirdi.

Aklı bu düşüncelerle havalanıp uçarken önüne bakmayı unutuvermişti Amr.

Birden ayağı büyücek bir taşa takıldı, yüzüstü sokağın ortasına düşüp kumları öptü.

Ağzı, burnu, gözleri hep kumlara bulanmıştı.

Lanet olası gece, diye bağırdı.

Bağırmasiyle beraber hiç beklemediği bir düşman da başına üşüştü. Koca bir köpek hırıltılar çıkararak Amr'ın üstüne atılmıştı. Amr, ne oluyor demeye fırsat bulamadan köpeğin sivri dişleri bileğine geçti. Köpek dişlerini bir mengene gibi sıkıyordu. Amr olanca sesiyle gecenin karanlığını delercesine haykırdı:

— İmdat!... İmdat!... Yetişin ölüyorum!...

Ne var ki, imdadına hiç kimseler gelmeyecekti..

Bir fahişe Amr'ın sesini duyup başını pencereden uzattı. Karanlığın perdelediği Amr'ı göremedi. Sadece kahkaha atarak el çırptı:

— Bir sarhoş daha gece ile boğuşuyor!... Sarhoşluğun şânı yerleri öpmektir!...

Amr bu sesi duydu. Yeniden nefretle doldu. Ne çâre ki, şimdi o sesin sahibini arayacak zaman değildi. Canını dişine takıp bileğini köpeğin ağzından kurtardı, karanlığa doğru bir tekme savurdu.

Tekmesinin peşinden yine yerleri öptü. Nihayet düşe kalka taşların kuytularına sığınmış sarhoşları bulabildi. Sarhoşlar ölü bir ışığın aydınlığında çanak çanak içkiyi kafalarına dikiyorlardı. Birinin düşe kalka geldiğini görünce dikkat kesildiler. İçlerinden biri geleni hemen tanıdı ve bir nâra attı:

— Eyyt!... Arslanlar arslanı Amr geliyor!...

Diğerleri kahkahayı koyverdiler:

— Şu beceriksiz Amr'dan mı bahsediyorsun, ey Rebî?

Rebî isimli sarhoş:

— Evet, dedi; arslanımızdan bahsediyorum. Bir küçük kızın işini bitiremedi.

Yine kötü kötü güldü:

— Kız bu be!... İnsanın alnının karası. Kim bilir yarın nasıl bir fahişe olacak?

Amr'ın işleri bu gece hep ters gidiyordu. Kendisiyle alay edildiğini görünce kudurdu, yumruğunu sıktığı gibi sarhoşların çenelerine birer tane indirdi. Zaten yerlerinde zor oturabilen ayyaşlar birer birer kıvrılıp kaldılar.

Amr, hiçbir şey olmamış gibi oturdu.

Yanına bir çanak alıp kafasına dikti.

İçti, içti, içti ve sızıp kaldı.

Gece gitmiş, yeni bir gün daha başlamıştı. Sıcak bir gün.

Güneşin ateşten okları sarhoşların beyinlerini deliyordu. Fakat onlar hâlâ akşam nasıl sızıp kaldılarsa o haldeydiler. Güneş yakıyor, eritiyor, kavuruyor, yılan gibi sokuyordu.

Yine ilk toparlanan Amr oldu. Gözlerini ovuşturarak açtı, etrafına deli deli baktı. Akşamki olanları hatırlamaya çalıştı. Hiçbir şey olmamış gibi arkadaşlarına seslendi:

— Gün boyu burada mı yatacaksınız? Kalkın, ben gidiyorum!...

Ve başını alıp çarşının yolunu tuttu. İlk işi bir demirciye uğramak oldu.

Bir adam elinde çekiç demir dövüyordu. Alnında terler birikmiş, yüzü de kıpkırmızı kesilmişti.

Amr adama sokulup:

— Ey usta, dedi; güzel bir bıçağın var mı?

Demirci alev alev yanan gözlerini Amr'a dikip kıs kıs güldü:

— Ne yapacaksın bıçağı, ey delikanlı?

Amr bir it gibi sırıttı:

— Biri ile görülecek ufak bir hesabım var da...

— Anladım!...

— O halde bıçağı veriyorsun, değil mi?

— Veriyorum!...

Demirci küçük bir sandık açıp içinden pırıl pırıl yanan bir bıçak çıkardı. Amr'ın gözleri şeytanî bir gülüşle yanıp söndü. Demirci bunun da farkına vardı:

— Âh, dedi; sevincini anlıyorum. Gençlik hep böyledir işte. Haydi ver parayı da al bıçağını.

Amr, koynundan bir kese çıkarıp demircinin avucuna paraları saydı ve bıçağı alıp gözden kayboldu.

Koşa koşa gidiyordu. O kadar sevinçliydi ki, sanki bütün Mekke onun olmuştu.

Küçük bir kulübenin önüne varınca durdu. Kapıya yanaşıp fiskeledi:

— Tık, tık, tıkk!...

İçeriden boğuk bir ses yükseldi:

— Kim o?

Amr cevap verdi:

— Benim, ey Hekime!... Amr bin Esed.

Güneş ışıklarıyla kavrulan, yer yer çürüyen ve dökülen bir kapı büyük gıcırtılarla aralandı ve iki büklüm bir kocakarı kapıda belirdi. Gözleri yuvalarının içine göçmüş, çene kemikleri sipsivri çıkmıştı. Kazma dişlerini göstererek gülmeye çalıştı:

— Ne istiyorsun, ey Amr?

Amr, acûzenin ellerine uzanıp öptü:

— Kuvvetli bir zehrin var mı, ey Hekime?

Kocakarı işi anlamıştı, sordu:

— Kimin canına kıyacaksın?

— Biri ile hesaplaşmam gerek de...

— Oldu. Ne miktar istiyorsun?

— Bıçağımı zehire batırmanı ve şu demiri bir yılan hâline getirmeni diliyorum.

— O kolay!... Yeter ki sen paradan haber ver.

Amr, kesesinin dibinde kalan son meteliği de kocakarıya verdi. Acûze işinin ehliydi. Bıçağı zehre batırdı, demirin yüzü şimdi bir yılan kadar soğuktu.

— Al, dedi; bu zehirli bıçak bir fili bile öldürür!...

Amr bıçağı alıp yola koyuldu. Mekke'nin sokakları yine cıvıl cıvıl insan kaynıyordu. Sıcak yine bütün şiddetiyle bindirmişti. Amr'ın gidişini gören bile olmadı.

Amr, köşe başlarına sine sine Veheb'in evine kadar sokuldu. Veheb ve Berre yine balkonda oturuyorlardı.

Konağın bahçesindeki hurma ağacının gölgesinde de bir genç kadın vardı. Hurma dalına kurulan salıncakta bir çocuğu sallayıp duruyordu. Amr'ın işleri bugün iyi gidiyordu.

Etrafına şöyle bir göz gezdirdi.

Kimsecikler yoktu. Yüzü sevinçle aydınlandı. Beklediğim an geldi diyerek doğruldu.

Cübbesinin altına sakladığı bıçağı çıkardı. Eliyle okşadı. Çocuğu sallamakta olan genç kadının kalbini nişan aldı ve bıçağı kuvvetle attı.

Bıçak, havada vızıltılar çıkararak uçtu, uçtu, uçtu!...

Hiçbir şeyden haberi olmayan genç kadının kalbine varıp gömülüverdi. Genç kadın bir çığlık attı:

— Öldüm!...

Gerçekten de hemen yere düşüp öldü.

Amr, bir kurt gibi ileri atıldı. Salıncakta uyumakta olan küçük kızı kaptığı gibi sokak sokak koşmaya başladı.

Veheb, Semiyye'nin çığlık atışını duymuştu. Dikkat edip baktı. İşte zavallı hizmetçi yerde yatıyor, Amr da küçük kızı almış koşuyordu.

Derhal harekete geçti.

Merdivenleri üçer beşer atlayarak indi ve o da sokak sokak Amr'ın ardınca koşmaya başladı.

Amr, bir müddet gidip ardına dönünce gördü ki Veheb rüzgâr gibi gelmekte. Ne yapacaktı şimdi?...

Çocuk kucağında yüksek kayalıklara tırmandı. O kadar delicesine gidiyordu ki nereye tutunacağını bile hesap etmiyordu. Nihayet büyücek bir taşın üstüne çıkmaya davrandı. Taşa el atıp vücudunu yukarı çekti. Ne var ki, taş yerinden oynamış, iğreti bir vaziyette duruyordu. Üzerine yük binince yerinden koptu ve havalandı.

Aşağısı o kadar derindi ki, taş bile zerre zerre dağıldı. Ve taşla birlikte Amr da yüksekten aşağıya düştü. Kafa göz parçalandı, çocuğun da vücudundan eser kalmamıştı. Mini mini yavrunun her bir parçası bir taş üstünde kaldı.

Yerler kan lekeleriyle benek benek olmuştu.

Bu feci manzarayı gören Veheb'in yüzü bir yay gibi gerildi. Kalbi acılarla sızladı. Kendinde adım atacak takati bile bulamadı. Oracıkta bir taşın üstüne oturup derin düşüncelere daldı.

İnsanoğlu ne kadar azmıştı. Canavarlar bile kendi yavrusuna şefkat gösteriyordu. İnsan adını taşıyan bu mahlûklar ise kendi evlâtlarını diri diri toprağa gömüyorlardı.

Kemikleşen ruhlar, taşlaşan vicdanlar, kanlı eller ne zaman asıl gayesini öğrenecekti.

Putçuluk ve çapulculuk ne zaman son bulacaktı?

Dudaklar Allah ismi ile ne zaman nûrlanacaktı. Kir yerine nûr ne gün akacaktı?

Veheb düşüncelerinin denizinde yüzüp dururken birden irkildi. Koca bir kuş kanat çırparak gelmiş, biraz evvel parçalanan Amr'ın gözünü oymaya başlamıştı.

Diğer kuşlar da göklerde kanat çırpıyorlardı; Belli ki hepsi yere inecekler ve bu leşi gagalariyle delik deşik edeceklerdi.

Artık burada durmanın bir mânası yoktu.

Kalktı, yavaş yavaş yürüyerek sokağın birine daldı. Sokaklar bu saatte ıssız olurdu. Çünkü güneşin harareti beyinleri eritecek kadar müthişti.

Bir zaman yürüdü ve nihayet konağının kapısına geldi. Berre, Veheb'in geldiğini görünce koştu, gözleri yaşlarla doluydu:

— Ey Veheb, dedi; yazık ki Semiyye ölmüş!...

Veheb büsbütün kederlendi. Başına gelen bunca iş ne idi? Bir çocuğu kurtaralım derken kaç kişi canından olmuştu.

Esefle başını salladı:

— Alışmalıyız ey Berre, dedi; acı ve ızdırapla pişmek gerek. Değil mi ki böyle bir dünyada yaşıyoruz. Nice nice hâdiseler bizi bekliyor. Bu kara devir elbette bir gün son bulur ve bütün insanlık kurtulur.

Veheb ilk defa böyle konuşuyordu. Berre yaşlı gözlerle Veheb'in yüzüne baktı:

— Ey Veheb, dedi; senden ilk defa böyle sözler duyuyorum. Gerçekten bu kötü günler sona erecek mi?

— Evet, ey Berre!... Yüce Allah son bir peygamber gönderecek ve o nebi bütün insanlığı cehalet ve dalâlet bataklığından kurtaracaktır!...

— Ne güzel söylersin, â efendi!... O bizim kavmimizden mi çıkacak?

— Ümid ederim öyle olur!...

— O günü görebilecek miyiz?

— Bilmem ki.

Veheb ile Berre böylece derin bir muhabbete dalmışlardı. Bir zaman baş başa konuşup durdular. Sonra hizmetçi kızın cenazesini kaldırdılar. Bugün epeyce yorulmuşlardı. Kısa zamanda nice hâdiseler cereyan etmişti, neydi bütün bunlar?...

Gönüllerine acılar damla damla indi.

Veheb yine konağının balkonunda idi. Gözleriyle ufukları süzüyordu. Yine günün çoğu gitmiş azı kalmıştı, akşamın kızıllığı ufuklara tatlı bir renk vererek çökmüş bulunuyordu.

Aklına Kâbe'ye gitmek, Allah'ın evini ziyaret etmek ve böylece gönlündeki acıları dindirmek geldi. Ruhunun huzura ihtiyacı vardı ve bu huzuru Beytullah'ta bulacaktı.

Derhal yerinden kalkıp seslendi:

— Berre, Berre!...

Berre bir pınar gibi çağladı:

— Buyur, ey Veheb!...

— Hemen hazırlan gidiyoruz.

— Nereye?

— Beytullah'ı ziyarete.

— Güzel olur. Ben de çoktandır arzu ediyordum.

— O halde elini çabuk tut.

Veheb ile Berre kapıdan dışarı süzüldüler. Mekke sokaklarında ağır adımlarla ilerliyorlardı. Günün kavurucu, eritici sıcağı birazcık dinmiş, hafif bir rüzgâr dalları oynatmaya başlamıştı.

Yer yer yine taşlar üzerine sızıp kalmış sarhoşlar vardı. Fahişe kadınların vahşî çığlık sesleri tâ sokaklara kadar aksediyordu. Sokaklar bile insanın derdini artıran bir felâketti.

Veheb hiç konuşmadan yürüyor, Berre de ardınca gidiyordu. İşte Kâbe görünmüştü. Adımlarını sıklaştırıp ona doğru koşarcasına yürüdüler. Akşamın son ışıkları altın renklerle Kâbe'yi kucak kucak sarmıştı. Güneş, dünya üzerinden son damla ışıklarını çekerken Kâbe'ye gülümsüyordu.

Kâbe Haremine varıp gönül gönül çağladılar. Kâbe'nin Hatim denilen yerinde Abdülmuttalib'le karşılaştılar. Abdülmuttalib'in yanında 3-4 yaşlarında güzel bir çocuk vardı. Yüzü aydın, ayın ondördü gibi parıldıyordu. Berre birden ileri atıldı ve küçük yavrunun simsiyah saçlarına uzandı:

— Ey Abdülmuttalib! Bu çocuk ne kadar güzel ve ne kadar sevimli. Bunun ismi ne?

Abdülmuttalib Berre'nin yüzüne gülümseyerek baktı ve dedi:

— Bu oğlum Abdullah'tır, ey Berre!...

Berre çırpınan bir alev gibi çocuğun etrafında döndü:

— Pek sevdim bu yavruyu, dedi.

Veheb de gözlerini açmış küçük Abdullah'ın yüzüne bakıyordu. Baktıkça da içinden bir şeyler kopuyordu. Ne kadar ısınmıştı bu çocuğa, bunun alnında bir nûr vardı ki yıldız yıldız parlıyordu.

Elinde olmayarak ileri atılıp çocuğu kendine çekti ve dedi:

— Ey Abdülmuttalib! Müsaade eder misin, Abdullah'ın alnından öpeyim.

Peygamber dedesi Abdülmuttalib ona müsaade etti. Veheb, dudaklarını Abdullah'ın alnındaki nûrun üstüne götürüp koydu.

O parıltıyı öptü, öptü.

İçi bir deniz gibi çağladı, dudakları nûrlandı, bütün dert ve ızdırabını unuttu.

Artık güneş de batmış bulunuyordu. Gecenin karanlığı birazdan Mekke'nin üstüne perde perde inecekti. Kâbe'yi son bir defa daha tavaf edip evlerinin yolunu tuttular.

Abdülmuttalib oğlunun elinden tutmuş gidiyordu. Veheb ayrılış noktasına gelince yine Abdullah'a sarıldı ve dedi:

— Ey Abdullah! Senin gibi bir yavrum olmasını ne kadar isterdim!...

Abdullah ışık ışık yanan gözlerle bu samimi adama baktı. Onun gönlü de bir tuhaf oluvermişti.

Minicik kollarını açıp Veheb'in kucağına atıldı. Bu manzarayı gören Abdülmuttalib:

— Ey Veheb, dedi; ne oluyorsunuz? Beni ağlatacaksınız. Şaştım kaldım bu işe.

Veheb şevk ve saâdetle karşılık verdi:

— Ey kavmin ulusu!... Gerçekten Abdullah'ı sevdim. Duâ et de Yüce Allah bana da buna denk bir evlât nasib etsin!...

Abdülmuttalib oracıkta gönül gönül çağladı:

— Ey Kâbe'nin Rabbi, dedi; Veheb'in muradını biliyorsun. Ona hayırlı bir evlât ihsan buyur!...

Veheb ve Berre, Abdülmuttalib'e teşekkür edip ayrıldılar. Şimdi kanatlı bir kuşa dönmüşlerdi. Mutlulukla uçarak evlerinin kapısına kadar vardılar. Gecenin karanlığı da her yana perde perde inmişti. İçeri girip odalarına çekildiler.

Güzel Bir Rüya

Veheb sedirin üzerine uzanmış, kendisini uykunun kollarına bırakmıştı. Dışarıda hafif bir rüzgâr esiyor, hurma dallarını sallıyordu. Çırçır böcekleri tatlı tatlı ötüşüyorlardı. Ay da çıkmış, nûrunu dünyaya deste deste gönderiyordu. Yıldızlar fezanın derinliklerinde göz kırpıyordu. Gecenin de kendine has bir güzelliği vardı.

Bu güzel gecede Veheb yatağında uyuyordu.

Aradan ne kadar zaman geçti bilinmez, bir tatlı rüya gördü ki, ömürleri heba etse böyle bir ânı yakalayamazdı.

Altın başaklı lâlelerin doldurduğu bir bahçedeydi. Gül dalında bülbüller dem çekiyordu. Pınarlar, ırmaklar, fıskiyeler gürül gürül çağlıyordu. Yüzleri ay gibi güzel genç kızlar çiçekler topluyordu. Ak saçlı bir ihtiyar bir demet gül ile Veheb'in başucuna gelip dikildi:

— Ey Veheb, dedi; şu ay yüzlü hurilere bir bak. Böyle güzel bir kıza mâlik olmayı istemez misin?

Veheb gözlerini nazlı dilberler üzerinde bir zaman gezdirdi. Bunlar Cennet ufkundan dünya bahçesine düşmüş birer inci miydi ne? O kadar parlak, o kadar güzel bir yüze sahiptiler.

Böyle incileri kim istemezdi?

— İsterim, dedi; istenmeyecek inci mi ki bunlar?

Ak saçlı ihtiyar tatlı tatlı güldü:

— O halde şu gülü bir nefes kokla, ey Veheb!...

Veheb, ihtiyarın elinden gül demetini aldı ve nefes nefes içine çekti. O kadar tatlı bir kokusu vardı ki, hayatında böyle bir kokuyu solumamıştı.

Veheb, güllerin kokusuyla öyle mest olmuştu ki, nice zaman sonra ihtiyarı hatırladı. Başını kaldırıp etrafına bakındı. İhtiyar çoktan gitmişti. Ay yüzlü dilberler de güller arasından kendisine gülümsüyorlardı.

Veheb, rüyâlarının dünyasında böyle saltanat sürerken Berre kalkmış, pencerenin önünde durmuş güneşin doğuşunu seyrediyordu.

Güneş yine ak tepeli dağlar ardından başını göstermişti.

Berre, Veheb'in hâlâ kımıldamadığını görünce başucuna vardı, eliyle onu dürttü ve seslendi:

— Ey Veheb, ey Veheb!

Veheb'den yine ses alamadı. Tekrar ve sert olarak seslendi:

— Veheb, Veheb!... Aç gözlerini, sabah oldu, güneş yükseldi, sen hâlâ uykunun kollarındasın...

Veheb gözlerini araladı. O da ne?

Berre kendisine gülümseyerek bakıyordu.

Şimdi ne bahçe vardı, ne çiçek, ne bülbül, ne de o güzel periler. Etrafına bir daha baktı. Hayır! O güzellikten, o âlemden hiçbir eser yoktu.

Hayretle sordu:

— Ben neredeyim, ey Berre?

Berre kıs kıs güldü:

— Nerede olacaksın, yatağının üzerindesin.

— Yâni bütün gördüklerim rüya mı idi?

— Neler gördüğünü bilmiyorum ki...

— Evet, neler gördüğümü nereden bileceksin!...

— O halde anlat ki bileyim!...

Veheb gördüklerini nokta nokta, çizgi çizgi anlattı. Berre'nin güzel gözleri görülmemiş bir ışıkla parladı:

— Ey Veheb, dedi; aynı şeyleri bu gece ben de gördüm. Sana haber vereyim diyerek çırpınıp duruyorum ya.

— Demek aynı rüya?

— Evet!...

— Ne mânâ veriyorsun buna?

— Bir müjde olduğu muhakkak. Ama gidip bir kâhine sorsan hiç de fena olmaz.

Veheb aceleyle giyindi. Kahvaltısını yaptı ve kapıdan bir rüzgâr gibi çıktı.

Yine kıvrım kıvrım uzayan Mekke sokaklarındaydı.

O kadar sevinç ve saâdetle dolmuş gidiyordu ki, köşe başında kendisini bekleyen sürprizden habersizdi.

Amr'ın ayyaş arkadaşları intikam almak için fırsat kolluyorlardı. Amr'ın ölümünden Veheb'i sorumlu tutuyorlardı. İşte bekledikleri an gelmişti. Veheb hiçbir şeyden habersiz gidiyordu, büyücek bir taşın ardına gizlenip Veheb'in gelmesini beklediler.

Veheb dalgın dalgın yol alıyordu. Birden bir bıçağın bacağına saplandığını gördü.

Dönüp baktı. Kimsecikler yoktu.

Bıçağı çekip aldı, kanı durdurmak için cübbesinin eteğini yırtıp yarayı sıkıca bağladı. Ne var ki, daha bir adım atmadan ikinci bir bıçağın da hemen önüne düştüğünü gördü.

Bıçak vızıldayarak gelmiş, yakınına düşüvermişti.

Ne oluyordu bugün?

Bu görünmez düşmanlar kimdi? Bu bıçaklar nereden atılıyordu?

Veheb öfkeyle dönüp baktı. Yine hiç kimsecikler yoktu. Son ihtimal taşın arkasındaki kuytu...

Hızla yürüyerek köşeyi döndü ve taşın ardına bir göz attı. İşte orada birkaç gölge kıpırdıyordu. Demek ki orada birileri vardı. Hemen adımlarını sıklaştırdı, ayyaşların kümelendiği yere bir yıldırım gibi düştü ve haykırdı:

— Bütün bunlar ne oluyor, ey sersemler?

Sarhoşun biri ayağa kalkıp diklendi:

— Bize meydan mı okuyorsun, ey Veheb?

Veheb fena halde kızdı:

— Sizinle görülecek bir hesabımın olduğunu zannetmem. Fakat niçin buraya gizlenip arkamdan bıçak atıyorsunuz?

Sarhoşlar kahkaha ile güldüler:

— Canımız öyle istiyor da.

Bu son söz dudaklarında donup kaldı. Veheb yumruklarını sıkıp üzerlerine atıldı ve hepsinin çenesini dağıttı.

Kiminin dişleri kırılırken, kiminin de gözü kapanmıştı.

Artık durmak zamanı değildi. Veheb de öyle yaptı, bir nefes durmadı. Hızlı adımlarla yine sokakların içine dalıp gitti.

Epeyce yol aldıktan sonra bir sokağın sonunda durdu. Orada küçük bir ev.

Evin önünde iki büklüm bir kadın. Elinde kalınca bir değnek. Gözlerini ufuklara dikmiş bakıyor.

Veheb kocakarının yanına kadar sokuldu:

— Ey Zeyd'in annesi dedi; kâhin evde mi?

Kadın sönük ve donuk gözlerle Veheb'e nazar ettikten sonra eli ile evi işaret etti:

— İçeride!...

Veheb'in yüzü aydınlandı. Hemen kapıya varıp vurdu:

— Tık, tık, tıkkk!...

İçeriden kâhinin sesi aksetti:

— Kim o?

Veheb cevap verdi:

— Zühre oğlu Veheb'im! Müsaade var mı?

Küçük evin tahta kapısı büyük bir gıcırtı ile açıldı.

Kapıda yaşlı bir adam belirdi. Çenesinde üç beş kıldan ibaret bir sakalı vardı. Gözleri yuvalarının içine iyice gömülmüştü. Sivri bir burun ve korkunç bir yüz ilk göze batan şeydi.

Fır fır dönen gözlerle Veheb'e baktı:

— Ne istiyorsun, ey Veheb?

Veheb gördüğü rüyayı tane tane anlattı ve dedi:

— İşte bu rüyanın neye delâlet ettiğini öğrenmek için geldim!...

İhtiyar kâhin üç beş kıldan ibaret sakalını tutup düşüncelere daldı. Yüzünün derileri bazen bir yay gibi geriliyor, bazen de gevşiyordu.

Veheb dikkat kesilmiş ona bakıyordu. Ne var ki, Kâhin beklediği cevabı bir türlü vermiyordu.

Veheb için dakikalar saatler gibi uzadı. Kalbi göğsünü delip dışarı fırlayacak dereceye geldi.

Nihayet kâhinin yüzünde ufak bir ışık belirdi ve kâhin düşüncelerden sıyrılıp başını kaldırdı:

— Ey Veheb, dedi; tahminlerim doğru çıkarsa senin bir çocuğun dünyaya gelecektir...

Veheb kendini tutamadı. Henüz Kâhin'in sözü bitmemişti ki bir şimşek gibi parladı:

— Çocuğum mu olacak?

— Evet!... Hem öyle bir çocuk ki şan ve şerefte herkesi gölgede bırakacak.

Veheb birden sevinç ve saâdetle dolup taşmıştı. Bacağındaki bıçak yarasının acısını bile unutmuştu.

Kâhin, Veheb'in pınar pınar çağlayışına bakıp güldü. Veheb artık orada duramazdı. Hemen yola koyuldu, bir rüzgâr gibi gidiyordu yine.

Mekke olanca sıcaklığı ile Veheb'i kucak kucak sarmıştı. Güneşin hararetinden taşların sinesi bile terlemişti. Yakan, kavuran, eriten, bitiren güneş altında koştu, koştu.

Mesafeleri bir bir aştı ve işte konağının kapısına gelmişti. Küt küt atan kalbinin üstüne elini koyup derin derin nefes aldı.

Berre, konağın balkonuna oturmuş Mekke sokaklarını süzüyordu. Tâ uzaktan Veheb'in geldiğini görmüştü, içine sanki bir ırmak akmıştı, gönlü bir deniz gibi dalgalanıyordu.

Yerinden kalkıp aşağı indi.

Veheb'i kapıda karşılamak ve ondan müjde almak için çırpınıyordu. Daha kapıya elini uzatmamıştı ki Veheb'in haykırışını duydu:

— Berre, Berreee!...

Hemen cevap verdi:

— Geldim, ey Veheb!...

Ve kapıyı açıp Veheb'in boynuna atıldı:

— Neler öğrendiğini söyle, ey Veheb!...

Veheb'in yüzünde elmaslar nokta nokta oynaşıyordu. Demek ki kötü bir haberle gelmemişti.

Veheb ter ve sıkıntıdan nefes alacak halde değildi:

— Dur, â Berre, dedi; nefes alayım biraz!...

Berre ancak o zaman Veheb'e dikkatle baktı. Beyaz entarisinin eteği yırtılmıştı. Bacağında da sargı vardı. Üstelik cübbesinin birçok yerine de kanlar bulaşmıştı. Bunları görmesiyle beraber çığlık atması bir oldu:

— Ey Veheb, bir kazaya mı uğradın, yara mı aldın?

Veheb gülümsedi:

— Sakin ol, ey Berre!... Yukarı çıkalım, bir nefes alalım. Sonra olanları sana anlatırım!...

Berre Veheb'in koluna girip onu yukarı çıkardı. Veheb sedirin üzerine uzandı. Gözlerini tavana dikip bir zaman öylece kaldı. Sonra dudakları bir yay gibi gerildi, yüzünde görülmemiş bir ışık çağlayanı gezindi ve usul usul mırıldandı:

— Ey Berre!...

Berre bir su gibi çağladı:

— Söyle seni dinliyorum!...

— Bir çocuğumuzun olmasını istemez miydin?

— İsterdim elbet.

— Kim gibi bir çocuk?

Berre hemen cevap veremedi. Biraz düşündükten sonra ak çiçekli bir gül dalı gibi titreyerek karşılık verdi:

— Abdullah gibi bir çocuk!...

Veheb birden anlayamadı:

— Abdullah mı, dedin, ey Berre?

— Evet!...

— Hangi Abdullah'tan bahsediyorsun?

— Abdülmuttalib'in oğlu Abdullah'tan söz ediyorum. Hani Kâbe'de görmüştük. Güzel ve nûrlu bir çocuktu.

— Büyük bir şey istersin, ey Berre!... O, bu kavmin Seyyidinin oğludur. Ona denk çocuk nerede?

— Allah dilerse bize de verir!... Hele sen başından geçenleri tek tek anlat.

Veheb, kâhinden duyduklarını tane tane anlattı. Berre saâdetinden uçuyordu. Çırpınan bir alev gibi gelip Veheb'in boynuna sarıldı:

— Beni mes'ûd ettin, ey Veheb!... Rabbim, seni mahzun etmesin...

Veheb sedirin üzerinden kalktı. Pencerenin önüne vardı, göklere doğru gözünü dikip bir zaman baktı. Fezanın derinliklerinde bir hayâl gezintisi yaptı. Sonra dönüp Berre'ye:

— Ey Berre, dedi; bu kadar ümitli olma. Nihayet sana söylediklerim bir kâhin sözüdür. Her şeyi hakkiyle bilen ancak Allah'tır. O, bizim için neyi takdir buyurdu ise şüphesiz ki onun dediği olacaktır.

Berre Veheb'i tasdik etti:

— Evet, Allah'ın dediği olacaktır!...

Onlar böyle konuşup dururlarken birden konaklarının kapısı çalındı.

— Tak, tak, takk!...

Veheb seslendi:

— Kim o?

Dışarıdan tatlı bir ses aksetti:

— Kavmin ulusu Abdülmuttalib!...

Veheb kapıya uçtu, merdivenleri üçer beşer atlayarak indi ve şanlı misafirini buyur etti:

— Hoş geldiniz, ey Seyyidimiz!... Abdülmuttalib'in yanında güzel oğlu Abdullah da vardı. Bu tecelliye Veheb şaşıp kaldı.

Berre'ye seslendi:

— Kimler geldi, bir bak ey Berre?

Berre çırpınan bir alev gibi döne döne geldi. Karşısında kavmin ulusu Abdülmuttalib ve güzel Abdullah.

Gözlerini Abdullah'ın parıldayan yüzünde gezdirdi. O ne yüzdü öyle? O ne tatlı bir güzellikti?

Yanağı kâfur gibi bembeyazdı, saçları misk gibi simsiyah. Âb-ı Hayatın dudağı, sanki onun dudaklarına susamış, kupkuru kesilmişti.

Güzelliğinin bir zerresi akılları oynatıyordu. Adetâ aya benzeyen bir güzeldi o.

Berre'nin donup kaldığını gören Veheb:

— Ne oluyorsun, ey Berre? dedi.

Berre hemen toparlandı ve cevap verdi:

— Abdullah'ın güzelliği beni büyüledi, onun ay yüzüne baktıkça içimde bir şeyler kıpırdıyor.

Abdülmuttalib'i izzet ve ikramla içeri aldılar. Konağın en müstesna odasını kendisine tahsis ettiler. Abdülmuttalib gösterilen yere oturdu. Abdullah da hemen yanı başında yer aldı.

Hurma şerbetleri geldi, afiyetle içtiler. Sonra derin bir sohbete daldılar.

Güneş, dünya üzerinden son ışıklarını topluyordu. Ufuklar altın gibi kızarmaya başlamıştı.

Ilık bir rüzgâr pencereden içeri gürül gürül aktı. Yüzlerde tatlı bir gülümseyiş belirdi. Abdullah'ın ışıklar saçan yüzü bir başka güzellikle benek benek gerildi.

Berre, elinde ipek bir entari ile geldi. Gözlerini yine Abdullah'a dikip baktı:

— Ey Abdullah, dedi; koş bana!...

Küçük Abdullah yerinden kalkıp Berre'nin kucağına atıldı. Berre, onu sevgi ve şefkatle kollarının arasına alıp sardı. Sonra elindeki ipek entariyi Abdullah'ın sırtına giydirdi.

Abdullah, beyaz ipekler içinde çölde açılan bir lâleye döndü. Abdülmuttalib yerinden kalkıp bir iki adım attı, sonra Abdullah'ın misk gibi saçlarını tel tel okşadı ve dedi:

— Bu inci, hangi denizin incisi?

Veheb'in gönül dudakları harekete geçti:

— Ey Seyyidimiz, dedi; bu inci, kudret denizinin incisidir!...

Abdülmuttalib çiçek çiçek gülümsedi:

— Evet, öyle, ey Veheb!...

Birden yeri göğü inleten bir çığlık duydular. Hemen pencereye koşup sokağa göz attılar.

Sokağın ortasında bir kaynaşma.

İki adam bir kadını yaka paça tutmuş sürüklüyordu. Kadın olanca sesiyle bağırıyordu:

— Beni bu zâlimlerin elinden kurtarın!... Kurtarın beni!...

Akşamın karanlığında insanlar sokak sokak dolmuş bu manzaraya bakıyorlardı. Hiç kimsenin aklına yardım etmek gelmiyordu.

O devirde kadın demek bir eşya demekti. Kadının cemiyet içinde hiçbir değeri yoktu. Kadın, efendisinin nezdinde bir böcekten farksızdı. Hele o kadın bir de kız çocuğu dünyaya getirirse yüz karasıydı artık.

Abdülmuttâlib'in yüzü acı ve ızdırapla gerildi:

— Ey Veheb, dedi; şu insanlar canavarları bile gölgede bırakacak dereceye geldiler. Kalplerden merhamet hissi kalkmış, diller, Allah'ın ismini anamaz olmuş, bütün peygamberlerin adı unutulmuş, beşer azdıkça azmış. Böyle bir dünya yaşamaya değer mi?

Veheb de acı ve ızdırabla damla damla dolmuştu. Boynunu büküp olanlara bir daha baktı. Artık duramayacaktı, çünkü kadın parçalanmak üzereydi:

— Ey Abdülmuttalib, dedi; ona yardım edelim.

— Evet, öyle yapalım!...

Hemen aşağı indiler, Mekke sokaklarını dolduran insanları yara yara ilerlediler ve yerde sürüklenen kadının yanına kadar sokulup haykırdılar:

— Durunuz, ne yapıyorsunuz?

İki adam birden geri döndüler. Karşılarında Abdülmuttalib ve Veheb'i gördüler. Kan yuvası gözleri hayretle açıldı, kadını götüremeyeceklerini anladılar. Fakat bırakmak da istemiyorlardı. Biri göz açıp kapayacak kadar bir zaman içinde bıçağını çekti ve fırlattı. Bıçak havada uçarak gitti ve zavallı kadının tam kalbinin üzerine saplandı. Kadın son olarak bir feryat koyverdi:

— Öldüm!...

Gerçekten de ölmüştü.

İki adam tabana kuvvet kaçtılar. Kalabalığa karışıp gözden kayboldular. Gece, kanlı sokaklar üzerine siyah perdesini gerdi ve bütün kötülükler karanlığın içinde kaybolup gitti.

Abdülmuttalib, oğlu Abdullah'ın elinden tuttu gecenin karanlığında yola koyuldu.

Veheb ile Berre bir zaman arkalarından bakınıp durdular. Cereyan eden hâdiselerin akışını düşündüler. Abdülmuttalib'in bu hiç beklenmedik gelişi, Abdullah'ın cana yakınlığı, neydi bütün bunlar?...

Kader ağlarını ören görünmedik bir el vardı. Bakalım kendi ağları nasıl örülecekti. Bu düşünceler içinde yataklarına uzanıp uykunun kollarına atıldılar.

Kalpler Katı; Dudaklar Kilitli

Gökyüzünde yine yıldızlar kümelenmişti, ay yine nûr serperek gülümsüyordu. Mekke yine derin bir sessizliğin çağlayanında yüzüyordu. Sadece çırçır böceklerinin sesi gecenin karanlıklarını delip kulaklara çarpıyordu.

Berre yatağından kalkıp pencerenin önüne yürüdü. Gözlerini fezanın derinliklerine dikti. Gönlü bir pınar gibi çağlıyor, gözleri bulut gibi yaş döküyordu.

Ne olmuştu Berre'ye?

Hıçkırıklar boğazında yine düğümlenmişti. Yine çırpınan bir alev gibiydi.

Kalbini yaprak yaprak açmıştı. Uçuvermek, yükseklere çıkıvermek, fezalarda bulutlar gibi ufuk ufuk akıvermek istiyordu.

Ellerini ulvîlik âlemlerine kaldırıp hıçkırdı:

— Ey Rabbim!... Şu anda herkes kapısını kapamış uyuyor. Ancak senin kapın açık. Ben de sana iltica ediyor, yalvarıyorum!... Beni mahzun etme, bana hayırlı bir evlât ihsan buyur. Kalpler katı, dudaklar kilitli. Senin mübarek ismini ananlar pek az. Putların kara ismini dillerinden düşürmeyen azgın ve sapkın insanlardan beni ve Veheb'i koru!...

Berre, kendinden geçmiş, gönlünü Yüce Allah'a açmış duâ ediyordu. Hıçkırıklarına gözyaşlarını da katmıştı. Bütün gece böylece yalvarıp durdu. Sabahın habercisi horozlar ötmeye başlayınca gelip tekrar yatağına uzandı. Derin bir uykuya daldı.

Güneş doğmuş, dünya yeniden aydınlanmıştı.

Yeni bir gün, yeni haberlerle açılıyordu. Veheb erkenden kalkmış, konağın balkonuna çıkmış sabahın gelişini seyrediyordu.

Dağlar taşlar birazdan terlemeye başlayacaktı. Kâinat denizinde yüzen ömür gemileri bir günün daha başlamasiyle yollarına aralıksız devam ediyorlardı.

Zaman bir ırmak gibi akıyor, günü gece, geceyi gündüz takib ediyordu. Ne var ki, insanlar yaradılışlarının gayesini unutmuşlardı. Azgınlık ve sapkınlık bir belâ hâlini almıştı. Bu belâ çemberini kıracak, dünyayı bir saâdet yuvası hâline getirecek, vahşet zindanında körleşen gözleri açacak biri lâzımdı. Beklenen o kurtarıcı kim bilir ne zaman gelecekti?...

Veheb, hayat sazının teline tefekkür mızrabını vurup duruyordu. Öyle derin düşüncelere dalmıştı ki, Berre'nin iniltileriyle kendine gelebildi. Hemen içeri koşup baktı.

Hayret ve dehşet!...

Hayat dolu Berre, solgun ve bitkin bir yüzle yatağın içinde kıvranıyordu. Güllerden daha taze ve güzel olan yüzü birden kireç gibi beyazlaşmıştı.

Veheb titrek bir sesle:

— Berre, Berre, dedi; ne oluyorsun?

Fakat Berre cevap verecek halde değildi. Başı dönüyor, midesi bulanıyor, gözleri kararıyordu.

Veheb ne yapacağını şaşırmıştı. Pencereye koşup sokaklara bir göz attı. Hayır. Aşina bir yüz göremiyordu şu anda. Çaresiz kalınca hizmetçi aklına geldi, oda kapısından bir rüzgâr gibi çıkıp haykırdı:

— Reyhâne, Reyhâne!...

Reyhâne'nin ince sesi duvarlara çarpa çarpa geldi:

— Buyurunuz, efendim!...

— Koş, hekime kadını çağır, Berre'ye bir hâl oldu!

Reyhâne sokağın kalbine bir ok gibi saplandı. Mekke sokakları tozlar, kumlar, çakıllarla doluydu. Taşların üstünden yaralı bir ceylân gibi sıçrayarak geçti.

O kadar hızlı koşuyordu ki, yolu üzerine dikilip duran sarhoş adamı bile görememişti.

Tam köşeyi dönecekti ki, bir el bileğine mengene gibi geçti ve bileğini canavar pençesinde ezdi.

Reyhâne acı ve ızdırapla kıvrandı:

— Çekil yolumdan ey adam!...

Sarhoş bir kahkaha attı:

— Gücün yetiyorsa yolu kendin aç, â güzelim!...

Birkaç kişi durup onların seyrine dalmıştı. Sarhoş adam daha da ileri giderek Reyhâne'nin beyaz entarisini boydan boya yırttı ve içindeki zehri bir yılan gibi kustu:

— Seni bırakır mıyım hiç, â güzel kuş?

Reyhâne yaralı bir ceylân gibi çırpınıp duruyordu. Ne var ki, kendisini bu zâlimin kanlı pençesinden bir türlü kurtaramıyordu.

Yolun sağına soluna dizilen insan kılıklı mahlûklar da bu hâle sadece gülüyorlardı. Biri mazlum durumunda mı kalmıştı, bu en büyük eğlenceleri idi.

Öyle bir zamandı ki, ahlâk sükût etmişti. Nehirlerden nûr yerine kir akıyordu. Dudaklar hep kilitliydi. Kalpler taştan daha katı, gözler sanki bir kan yuvası idi.

Kemikleşen ruhlar ve nasırlaşan vicdanlar.

Çöller susuz tencere, gözler kan sızan pencereydi.

Reyhâne sokak ortasında ve milletin gözü önünde bu belâlı adamla pençeleşirken Veheb de konağında şaşkındı. Reyhâne'nin bir türlü dönmediğini görünce Berre'yi evdekilere emanet edip kendisi yola koyuldu.

Öfkeyle gidiyordu.

İşte ileride bir kaynaşma. Dikkat edip baktı: Kimi gülüyor, kimi el çırpıyor, bir kadın da çırpınıp duruyordu. Bu çılgınlar topluluğuna doğru biraz daha yaklaştı.

Gözleri hayretle açıldı. Hizmetçisi sokak ortasında hakarete uğramış bulunuyordu. Bir adam kadının üstünü başını yırtmış, zavallı Reyhâne'yi yerlerde sürüklemişti.

Bu hâli gören Veheb gök gibi gürledi; yumruklarını sıkıp sarhoş adamın çenesine olanca kuvvetiyle vurdu.

Sarhoş yerleri öpmeye başladı. Ağzından burnundan kan ırmakları akıyordu. Kan yuvası gözlerini Veheb'e dikip hayretle baktı:

— Ey Veheb, bunu unutma, diye uludu.

Veheb, Reyhâne'nin elinden tutup hekime kadının evine doğru yürüdü. Kapıya varıp tıkırdattı:

— Ey hekime, ey hekime!...

İçeriden bir kadın sesi aksetti:

— Kim o, ne istiyorsunuz?

Veheb kendini tanıttı ve dedi:

— Berre'ye bir hâl oldu, seni almaya geldim.

— Hekime kadın aceleyle hazırlandı, eline çantasını, otlardan yapılma ilâçlarını aldı. Veheb'in ardınca yola koyuldu.

Nefes nefese Veheb'in konağından içeri adımlarını attılar. Berre yine iniltiler çıkararak yatıyordu.

Hekime kadın çantasından çeşitli âletler çıkarıp Berre'yi muayene etti.

Yüzünde ışıklar gezindi. Gözlerini Veheb'in gözlerine dikip soludu:

— Ey Veheb! Sana bir müjde versem karşılığında sen ne verirdin?

Veheb, hekime kadının yüzüne hayretle baktı. Akıl kuşu kafes içinde çırpınmaya başlamıştı bile. Nasıl olurdu? Berre solgun ve bitkin bir haldeyken saâdet mi duyabilirdi.

Yerinden kalkıp odanın içinde dönmeye başladı. Hekime onun bu haline gülerek nazar ediyordu:

— Ey Veheb, dedi; odanın içinde dönmeyi bırak da kulaklarını aç. Sana iyi bir haberim var!...

Veheb gelip yerine oturdu. Gözlerini Berre'nin solgun yüzüne dikti. Berre sık sık nefes alıyor, bir taraftan da iniltiler çıkarıyordu. Bir anda ne kadar da eriyivermişti.

Veheb'in içine acılar damla damla döküldü. Veheb hekime kadına hitab etti:

— Ey can sazımın telini inleten hekime! Ne söyleyeceksen çabuk söyle, zira artık sabrım kalmadı.

Hekime kadın pencerenin önüne varıp başını dışarı uzattı. Konağın bahçesindeki hurma ağacında kuşların yuvaları vardı. Ve bir serçe kuşu yavrularının başında kanat çırpıyordu. Güzel bir manzaraydı bu. Veheb'e göstermeliydi. Hemen harekete geçti:

— Ey Veheb! Gel de şu pencereden bak.

Veheb gelip pencereden başını uzattı, baktı, baktı.

— Ey kadın, dedi; yine bir şey anlamadım!...

Hekime kadın kahkaha ile güldü:

— Evet, anlamıyorsun, ey Veheb!... Şu ağaç dalındaki kuşları görmez misin?

— Görürüm!...

— Yavrularının başında kanat çırpan serçe kuşunu da gördün mü?

— Evet!...

— Onun bir damlacık kalbinden taşan merhamet ve şefkati de görebiliyor musun?

— Bunun benimle ne alâkası var, â kadın?

— Var, ey Veheb, var!...

— Ne gibi?

— Çünkü senin de bir yavrun olacak. Berre'nin böyle sararıp solması, eriyip gitmesi seni üzmesin. Saâdet sana olsun ki, Berre hamiledir!...

Veheb beynine bir yıldırım düşmüş gibi sarsıldı ve avaz avaz bağırdı:

— Neler diyorsun, ey hekime?

Hekime kadın bir pınar gibi çağladı:

— Sadece bildiklerimi anlatıyorum.

— Demek Berre hamile?

— Evet, ey Veheb!...

Veheb sevinç ve saâdetinden uçacak gibi oldu. Yatak içinde upuzun yatan Berre'nin başucuna vardı, dudaklarını götürüp alnına koydu ve onu şefkatle öptü.

Berre inleyerek gözlerini açtı.

Gözlerinin önünde gölgeler uçuşuyordu. Dikkat edip bir daha, bir daha baktı. İşte Veheb karşısında gülümsüyordu. Tıpkı karanlık geceye nûr serpen ay gibi yüzü parlaktı.

Ne olmuştu kendisine bilemiyordu. Kalkmak için çırpındı, kalkamadı. Sonra elini Veheb'e uzattı:

— Ey dünyamın ışığı, dedi; bana ne oldu böyle?

Veheb, Berre'nin saçlarını tel tel okşadı:

— Meraklanma ey Berre, yakında hayat ağacın meyve verecektir. Şimdi onun rüzgârına çarpıldın.

Berre yine bir şey anlayamadı, çırpınan bir alev gibi kıvrım kıvrım olup Veheb'e sokuldu:

— Açık konuş, ey Veheb! Ne ağacı, ne meyvesi bu?

Veheb'in yerine hekime kadın cevap verdi:

— Saâdet sana olsun, ey Berre! Hamilesin, zamanı gelince hayat ağacın meyvesini dünya tarlasına düşürecektir!...

Yataklar içinde serilip kalmış Berre birden hayat buldu. Ay yüzü ışık ışık yandı. Dudaklarında çiçek çiçek bir tebessüm belirdi ve köpüren bir deniz gibi çağladı:

— Demek çocuğum olacak? Şükür, ey Rabbim sana!...

Ölgün, bitkin, solgun Berre yeniden eski hâline döndü. Yataktan fırladığı gibi konağın balkonuna koştu. Gözlerini etrafta gezdirdi. Yine hurma ağacının dallarında kuşlar kanat çırpıyordu.

Bir serçe kuşu yuvasının başında saâdet uçuşları yapıyordu. Annelik ne güzel şeydi.

Berre saatlerce bu manzaraya baktı. Kim bilir neler hissediyordu? Ne güzel şeyler...

Duâlarda Kanat Çırpan Hıçkırık

Zaman ırmağı ebed gölüne doğru hiç durmaksızın akıp gidiyordu. Cihan denilen bu bahçe kâh güllerle doluyor, kâh bülbüllerle inliyordu. Her varlığın sinesinde bir hasret tel tel titriyordu.

Bu karanlık çadırda mehtabın nazlı nazlı süzülüşü bir başka hıçkırıktı.

İlim ile irfanın berrak çeşmeleri şimdi bulanık bir haldeydi. İnsanların yüreğinden ateşler saçılıyordu. Akıl da başını taştan taşa vuruyordu.

Hüsran tarlasına binlerce tohum ekilmekteydi. Binlerce can, daha hayat sahasına atılmadan toprağın dibini boyluyordu.

Cihan günleri ateş şimşekleri gibi yakıcı olmuştu. Muzdarib goncaların gönlündeki düğümü açacak bir nefes yoktu. Lâlenin gönlündeki yarayı hiç kimse göremiyordu.

Ne aşk gözüyle bakan vardı, ne cihanın aslını bilen. Ne yaratılış gayesi düşünülüyordu, ne de Cennetin adı duyuluyordu.

Lâle gelini renge o kadar susamış kalmıştı ki, dudakları gonca gonca çatlıyordu.

Yine Mekke bir günün sabahı ile aydınlanıyordu.

Karanlık perde perde kalkmış, güneş ufuklar ötesinden başını göstermeye başlamıştı.

Veheb ile Berre konağın bahçesinde geziniyorlardı. Güneşin altın huzmeleri dallar arasında oynaşıp duruyordu.

Şebnem, seher vaktinin o parlak yaşları, lâlelere damlamıştı. Bir başka güzellikteydi sabah.

Veheb sırtını hurma ağacına verip gözlerini ufuklara dikti. Gönlü bir volkan gibi infilak ediyordu. Artık durmak olmazdı, usul usul yerinden kalkıp Berre'ye sokuldu:

— Ey Berre, dedi; haydi Kâbe'ye gidiyoruz!...

Berre hayret edip sordu:

— Sabah sabah mı?

— Evet, hemen!...

Hazırlanıp yola koyuldular.

Sokaklarda tek tük insanlar vardı. Sadece akşamdan sızıp kalmış ve bir taş üzerinde sabahlamış sarhoşlar göze çarpıyordu. Küçük bir evin penceresinden güzel bir kadın bakıyordu. Gözleri bulut gibi yaş döküyordu güzel kadının.

Berre kadını tanıyordu. Hıçkırıklarla ağladığını görünce seslendi:

— Ey Nâile, niçin ağlıyorsun?

Nâile yaşlı gözlerle Berre'yi süzdü.

— Âh, dedi; herkesin başına gelenler benim de başıma geldi.

Berre meraklanmıştı, tekrar sordu:

— Ne geldi başına, ey Nâile?

Kadın yaralı bir âhu gibi inledi:

— Çocuğum, çocuğum!...

— Ne oldu çocuğuna?

— Babası olacak adam alıp götürdü ve onu diri diri toprağa gömdü.

— Demek çocuğun kız idi?

— Güzel, nûr gibi bir kızdı!...

— Ne yazık ki hayatı çabuk söndü.

Berre'nin gözleri de birden yaşlarla dolmuştu. Veheb'in de yüreğine mızraklar saplanmıştı sanki.

— Yürü, ey Berre, dedi; bir an önce Kâbe'ye varalım!...

Yürüdüler.

Kâbe, güneşin ilk ışıklariyle aydınlanmış, taşlar yavaş yavaş ateş hâlini almıştı.

Kızgın taşlar üzerinden atlayarak içeri girdiler.

Allah'ın mübarek evi putlarla doldurulmuştu. Boncuk gözlü, kara suratlı ve mankafalı putlar.

Yine putlar önünde kapanmış insanlar vardı.

Taştan, leşten, odundan meded uman zavallı insanlar. Bu hâle bakıp yine içlerini hicran damlalariyle doldurdular.

Yaralı bir gönülle Kâbe'yi tavaf ettiler, sonra bir köşeye oturup ellerini açtılar:

— Ey Kâbe'nin Rabbi, dediler; bizi sapıklıktan, dalâletten sen koru! Bizi vahşet zindanından kurtar, bize hayırlı bir evlât ihsan buyur!...

Hem duâ ediyorlar, hem de hıçkırıyorlardı. Kendilerinden o kadar geçmişlerdi ki, tâ yanlarına kadar sokulan Abdülmuttalib'i göremiyorlardı. Abdülmuttalib, Veheb ve Berre'yi o vaziyette görmüş, yanlarına gelip bir yere oturmuştu.

Gülen ve ışık ışık yanan gözlerle onlara bakıyordu. Nihayet dayanamayıp seslendi:

— Ey Veheb!...

Veheb dalmış olduğu âlemden sıyrıldı, dönüp baktı. Karşısında kavmin ulusu Abdülmuttalib gülerek bakıyordu.

Yerinden bir ok gibi fırlayıp Abdülmuttalib'in yanına koştu:

— Siz de mi buradasınız, ey Abdülmuttalib?

Abdülmuttalib:

— Buradayız, diye cevap verdi ve ilâve etti:

— Neler oluyor, ey Veheb? Baktım karı koca öyle dalmışsınız ki, beni bile görmediniz.

Veheb'in yüzü benek benek gerildi:

— Evet, dedi; biraz dalıp gitmişiz. Öyle bir dünyada yaşıyoruz ki, insanlar kendi elleriyle evlâtlarını boğazlıyor. Yeni bir felâkete daha şahit olduk bugün.

Çöl susuz tencere, gözler kan sızan pencere. Bir itiş kakış, baharı olmayan kış.

Bu hicran gecesinin bir gündüzü de yok ki, onu bekleyip duralım. vadilerden gül yerine kan akıyor, putçuluk ve çapulculuk almış başını gidiyor, kanlı ayaklar başlarda geziyor.

Veheb'in dudaklarından alev alev saçılan bu sözlere Abdülmuttalib hiç de hayret etmemişti. Çünkü o da biliyordu bütün bunları. Cihan denilen bu sarayın ateş şimşekleri gibi yakıcı olduğunu görüp duruyordu. Işıklar saçan gözlerini ufuklara dikip bir zaman baktı, yüzünde elmasların nokta nokta oynaştığı görüldü. İçine bir ilham mı düşmüştü ne? Pınar pınar çağlayan bir hisle konuşmağa başladı:

— Ey Veheb, dedi; ümidsiz olma!... Bu Kâbe'nin Rabbine yemin ederim ki, yakında bir peygamber gelecektir ve bütün insanlığı bu vahşetten kurtaracaktır. Hem o peygamber, bu şehirden, bu kavimden, bizim içimizden zuhur edecektir.

Veheb, birden rüzgâr önünde uçan yapraklar gibi dönmeye başladı. Gözlerinin içinde nice ışıklar çağlıyordu. Abdülmuttalib'in sözleri kalp tarlasına birer hakikat tohumu gibi düşüvermişti.

Onlar böylece başbaşa konuşup dururlarken insanlardan bazıları da mankafalı putlar önünde yerlere kapanıyorlardı. Birinin elinde fal oku vardı. Durmadan atıyor, gönül gönül çağlayarak dilekte bulunuyordu. Bir başkası da:

— Ey Arabın Velinimeti, diyordu; göğsünü döğerek yanık yanık ağlıyordu. Gözleri sanki bir yağmur bulutu oluvermişti. Uzzâ'nın kara suratına bakıp içini ona döküyordu.

Hem öyle bir ateşli, ağlayışı vardı ki, taşların bile kalbini sızlatırdı. Ne var ki, putun oralı olduğu yoktu. Adam, ateşli bir gönülle yeniden zârı zârı ağladı:

— Ey Arabın yüz akı, ey cömertlik denizi! Sen bu âcize nice lûtuflarda bulundun, nice dertlerine derman oldun. Yine senden beklenen odur ki, beni mahzun etmeyesin!...

Abdülmuttalib ile Veheb göz göze geldiler. Adamın yürekler parçalayan hâline ve cehline yandılar. Yerlerinden kalkıp ona doğru yürüdüler. İhtiyar adam hâlâ yanık yanık ağlayıp duruyordu.

Abdülmuttalib adamın omzundan tutup haykırdı:

— Â ihtiyar!... Ne çeşit arayış bu? Demek, Kâbe'nin Rabbini aramıyorsun da putlardan yardım istiyorsun? Ey akılsız!... Saçından sakalından utan da kendine gel!...

İhtiyar birden döndü.

Kan yuvası gözlerle Abdülmuttalib'e nazar etti.

— Ey kavmin ulusu, dedi; putumla benim arama girme! Ben, senden bir şey istemiyorum ki.

Ve öfkeyle basıp gitti.

Veheb buna pek üzülmüştü. Abdülmuttalib'e büsbütün sokulup gönül gönül çağladı:

— Ey görüşü kuvvetli insan!... Hakkın nûru olmadıkça aydın gün bile gecedir. Sen bu topluluğun önünde gökyüzündeki ışık gibisin. Biz de senin etrafında birer pervaneyiz. Söyle, niceye bir böyle inleyip duracağız?

Abdülmuttalib ile Veheb'in sohbeti saatlerce sürdü. Sonra kalkıp evlerinin yolunu tuttular.

Mekke, güneşin ateşten oklarının bir dolu gibi yağdığı oymak. Yine her taraf yanıyordu. Taşların sivri dişleri ateşten birer hançer oluvermişti.

Veheb ile Berre ağır adımlarla sokaklarda ilerliyorlardı.

Sokaklar, sokaklar. Hepsi birer çıkmaz sokaktı bunların. Sokak ortasında kızgın kumlar üstünde serilip kalmış insanlar vardı. Fahişeler evlerinin damına bayrak asmışlardı. Sarhoşlar, tefeciler, yol kesiciler, kan içiciler hep bu şehirdeydi.

Hazret-i İbrahim'in adı bile unutulmuştu. Halbuki bu şehrin temellerini o atmıştı. Gözünün nûru oğlu ile Kâbe'yi o inşa etmişti. Şimdi Kâbe putlarla doluydu.

Veheb, bu düşünceler içinde ilerlerken dolu dizgin dört atlı belirdi. Atları çatlatırcasına sürüyorlar, nâra atarak sokak sokak akıp gidiyorlardı.

Can havliyle kendisini ve Berre'yi bu azgın sürücülerin önünden kenara çekip bir büyücek taşın ardına geçebildi. Atik davranmasaydı şimdi atların ayakları altında kalacaklardı.

Dikkat edip bakınca yüreği acılarla doldu.

Dört azılı adam, atların kuyruğuna bir kadını bacaklarından bağlamışlar sürüklüyorlardı. Zavallı kadının vücudu parça parça olmuştu. Sokaklar sanki kan sızan bir pınardı. Bu kanlar ne zaman dinecek, bu vahşet ne gün son bulacaktı?

Veheb olup bitenlere bakarken Berre de gördüğü manzaraya dayanamayıp olduğu yere yığılıvermişti.

Veheb dönüp baktığında aklını oynatacak gibi oldu.

Berre'de ses soluk gitmişti yine. Aya benzeyen yüzü acılarla gerilmiş, nar çiçeğini andıran rengi soluvermişti.

Veheb, derhal Berre'yi kucaklayıp kaldırmak istedi. Ne var ki, buna imkân bulamadı.

Bir bıçak havada uçarak gelmiş, tam bileğine saplanıvermişti. Bileğinden şimdi kanlar fışkırıyordu.

Dönüp baktı.

Sokağın ucunda bir taşın ardında kıpırtılar vardı. Berre'yi o halde bırakıp koştu.

Bir taraftan da bileğine saplanan bıçağı çıkarmağa çalışıyordu. Sokağın sonuna yıldırım gibi düştü.

Gördüğü manzara tüylerini ürpertti.

Amr'ın sarhoş arkadaşı işte kumlar üzerinde çırpınıp duruyordu. Başucuna varıp ayağı ile onu dürttü:

— Ey nasipsiz adam! O meseleyi hâlâ unutmadın mı?

Sarhoş bir köpek gibi uludu:

— Ölsem de unutmam. Çünkü Amr'ın felâketine sen sebep oldun.

Sarhoş daha tek kelime konuşamadı. Ağzından burnundan kanlar fışkırmaya başlamıştı bile. Veheb'i öldüreyim derken kendi dengesini kaybetmiş, elinde tuttuğu bıçak üzerine düşüvermişti. Bıçak tam ciğerini delip geçmiş, canını cehenneme havale etmişti.

Sarhoş adam kediler gibi hırıltılar çıkararak son nefesini verdi. Yüzü gecelerden daha korkunç olmuştu.

Veheb, izi üzerinde hemen geri döndü. Yarasından hâlâ kanlar sızıyordu, Berre de birazcık kendisine gelmişti. Gözlerini etrafında bir müddet gezdirip bakındı. Veheb'in tâ uzaklardan koşa koşa geldiğini görünce korku ile ürperdi. Yerinden kalkmak istedi. Ne var ki, kendinde o takati bulamadı.

Veheb gelip Berre'nin karşısında dikildi. Berre kara kara gözlerini açmış, hayretle bakıyordu. Bu esnada Veheb'in kan sızan yarasını gördü ve çığlığı bastı:

— Vay başıma gelenler!... Ey Veheb, neler oluyor?

Veheb olanları kısaca anlattı:

— Kalk, dedi; gidiyoruz. Epeyce oyalandık. Sana ve doğacak çocuğumuza bir zarar erişmesinden korkarım!...

Ve Berre'nin koluna girip aceleyle konağının yolunu tuttu.

Konağa vardıklarında ikindi olmuştu. Günün bu kadar çabuk geçmiş olduğuna hayret ettiler. Kapıdan içeri adımlarını atar atmaz hizmetçilerine emir verdiler:

— Koş, bir hekim al gel!...

Hizmetçi bir ok gibi sokağın kalbine saplandı. Ve az sonra bir hekimle geldi.

Hekim, Veheb'in yarasını güzelce tımar edip bağladı. Veheb sedirin üzerine uzanıp derin düşüncelere daldı.

Berre de bir başka hisle yatağa yattı, acı gözyaşlarını yastıklara akıtarak kendisini uykunun kollarına attı...

Âmine'nin Doğumu

Zaman sanki bir ırmaktı.

Akıyor, akıyor, akıyor, bitmiyordu.

Geceyi gündüz, gündüzü gece takip ediyordu. Günler havuzdan boşalan sular gibi akıp akıp gidiyordu. Ömürler de nefes nefes uçuyordu.

İşte gece ile gündüzün akıp gidişinden nice zamanlar gelip geçmiş, nice günler geride kalmış, nice hâdiseler cereyan etmişti.

Sabah doğup akşam batan güneş bir gidişin habercisiydi. Ne var ki, bunu görecek göz, anlayacak idrak kimsede yoktu.

Nice geceler yıldızlar küme küme geçmiş, nûr serpen ay gülümseyerek ak tepeli dağlar ardından bakmıştı.

Yeni bir günün aydınlığı dalga dalga çökmüştü ufuklara.

Babasız hak Peygamber Hazret-i İsa'dan bugüne tam 550 sene geçmişti. Dile kolaydı bu!...

Bu seneler içinde cihan sarayı kâh kanlı ayakların altında kirlenmiş, kâh vahşet zindanına dönmüştü.

Nice yıllar, nice asırlar gelip geçtiği halde bir irşad sesi yükselmemişti. İnsanlar şeytanın ve putların oyuncağı oluvermişti. Ahlâksızlık bir tufan halinde bütün dünyayı sarmıştı. Oluklardan kir ve kan akıyordu. Kâinat denilen bu varlık sadefi ateş şimşekleri gibi yakıcı olmuştu. Cihan günleri kezzap yağmurunu andırıyordu.

İnsanlığın feryadı duman duman göklere yükseliyordu. Bütün varlık bir bekleyiş içindeydi.

Dert çok, derman yoktu.

Ruhlar kemikleşmiş, vicdanlar nasırlaşmış, kalpler taş kesilmişti. Kanlı eller masum insanların gırtlağını bir mengene gibi sıkıp duruyordu.

İşte böyle bir vahşet çağında yeni bir gün başlıyordu.

Bugünün diğerlerinden pek farkı yoktu. Gece bitmiş, ardından gündüz gelmişti.

Güneş yine aynı güneşti. Ufuklar yine aynı ufuktu, Mekke yine aynı Mekke idi.

Sadece Zühre oğlu Veheb'in konağında heyecan dalga dalga gönülleri sarmıştı. Konakta bir şenlik, bir şehrayin, bir ışık vardı ki, tâ uzaklardan duyuluyordu.

Gökyüzünün aydın ışığı olan güneş Veheb'in konağının penceresinden içeri altın huzmelerini cömertçe salıvermişti.

Yakan, kavuran, eriten, bitiren, arı gibi sokan güneş sanki bu değildi. Şimdi bir çiçekten, bir sevgiliden daha cana yakın, daha tatlı idi.

Konağın bahçesinde nazlı haber kuşları kanat çırpıyordu. Bu ne rahmet müjdesiydi böyle?

Yüzlerde nokta nokta oynaşan ışıklar da neydi? Göklerde mavi mavi tepeler hâlinde biriken bulutlar pamuk dudaklariyle gülücük gönderiyorlardı bugün.

Gökler ülkesinden demet demet nûrlar iniyordu Mekke üstüne.

Veheb'in konağının bahçesi yaşlı insanlarla dolup taşmıştı. Heyecanlı heyecanlı konuşuyorlardı. Bu insanlar içinde kavmin ulusu Abdülmuttalib de vardı.

Zühre oğlu Veheb misafirlerine göz kamaştırıcı bir ziyafet çekiyordu. Develer kesilmiş, sığırlar pişirilmiş, kebaplar yapılmıştı.

Herkes gönlünce eğleniyor, gönlünce yiyip içiyordu.

Veheb'in yüzünde görülmemiş bir ışık parıldıyordu.

Kalbi o kadar şiddetle atıyordu ki, düşüp kalıvermesinden korkuyordu Veheb.

Konağın içi ise bir başka âlemdi.

Berre doğum sancıları çekiyordu. Hekime kadın Berre'nin başucunda bir pervane gibi dönüyordu. Ne var ki, henüz doğum gerçekleşmemişti.

Veheb heyecanını yenemeyerek misafirlerinden ayrılıp Berre'nin yanına koştu.

Berre'nin alnında boncuk boncuk terler vardı. Eliyle alnında biriken terleri silip heyecanla sordu.

— Nasılsın, ey Berre?

Berre yaralı bir ceylân gibi inledi:

— İşte görüp duruyorsun hâlimi ey Veheb!... Bu ızdırap hiç de, ancak sana mahcup olmaktan korkarım!...

Veheb hayretle baktı Berre'ye:

— Sebep?

Berre gözlerini kapatıp mırıldandı:

— Çocuğumun kız olmasından korkup duruyorum.

— Câhil olma, ey Berre! Çocuğumuzun hayırlı olmasını dile Yüce Allah'tan. Hayırlı ve soylu bir kız, hayırsız erkekten çok daha efdaldir.

Berre'nin ay yüzü birden nar çiçeği gibi kızardı. Sevinç ve saâdetinden bütün acılarını unuttu. Elini Veheb'in eline uzatıp sıkıca tuttu ve dedi:

— Ey yüce yaradılışlı! Sana ülker yıldızı gibi parlak bir çocuk vermek için Allah'a duâ edeceğim.

Veheb, dudaklarını Berre'nin alnına koyup öptü. Ve gözlerini hekime kadına dikti:

— Ey hekime, Berre'ye zahmet çektirme!...

Berre yatağında upuzun yatıyordu.

Konağın içi yine genç kızlar, taze gelinler, yaşlı kadınlarla doluydu.

Veheb bahçede misafirlerinin yanındaydı. Genç bir adam yüksekçe bir taşın üstüne çıkmış şiirler okuyordu:

Baktım da cihanın şu âhengine,
Derede su, denizde kum yanıyor.
Ben gönül evinden tutuştum yine,
Emelim yanıyor, arzum yanıyor!...

Nice bin hakikat aksetmiş suya,
Bir yaşayış ki bu, zevk duya duya,
İnsanoğlu nasıl dalar uykuya?
Hislerim yanıyor, duygum yanıyor!...

Gece yıldız yıldız, mehtap bir âlem,
Bülbüller aşk ile çekmededir dem,
Duvarlar dibinde ürperir gölgem,
Düşlerim yanıyor, uykun yanıyor!...

Bahçeden bir alkış tufanı yükseldi. Herkes bu gencin duygularına hayran olmuştu. Genç adam sıkılmış olacak ki başını alıp gitti ve gözden kayboldu.

Veheb'in sabrı tükenmek üzereydi.

Bekleyiş, bekleyiş!...

Ne var ki, o şerefli misafir henüz dünya konağına teşrif etmiyordu. Ne yapsındı Veheb?

Yerinden kalkıp sıcak kumlar üstünde bir müddet gezindi. Yüzünde ızdırap çizgileri düğüm düğüm olmuştu. Misafirlerinden utanmasa bir çocuk gibi ağlayıp haykıracaktı. Ne ki, bahçe insan kaynıyordu.

Birden kulakları tırmalayan bir çocuk çığlığı duyuldu.

Veheb, başına yıldırım düşmüş gibi sarsıldı. Gözlerini son haddine kadar açıp konağa baktı. Konağın içi kaynıyordu yine.

Bir câriye balkondan seslendi:

— Ey efendim, koşunuz, bir çocuğunuz oldu!...

Veheb, bir ok gibi konağın kapısına saplandı. Koşar adım içeri girdi, beyaz ve yeşil ipekler içinde gülümseyen bir bebek Berre'nin yanında yatıyordu.

Berre nûr yumağı yavruyu itina ile tutup Veheb'e uzattı:

— İşte yavrumuz, ey Veheb!...

Veheb'in yüzünde görülmemiş bir ışık gezindi. Mini mini yavruyu kucağına alıp baktı, içi birden sevinçler ve nûrlarla doldu. Bu ne kadar güzel bir çocuktu böyle.

Dudaklarını nûr yumağı çocuğun alnına koydu.

Öptü, öptü, öptü!...

Bebek sanki cennet ufkundan dünya bahçesine atılmış bir inci idi. Bir huri gibi gülümsüyordu.

Veheb, ipekler içinde gülümseyen yavruyu kucağına alıp konağın bahçesine çıktı. Herkes heyecanla bekliyordu.

Tabiî ki erkek çocuk bekleyenler çoğunluktaydı. Veheb mutlulukla yürüyerek Abdülmuttalib'in önüne vardı, mini mini yavrunun kundağını ona uzatıp bir pınar gibi çağladı:

— Ey Abdülmuttalib, ey kavmin seyyidi! Kızımın ismini sen koy!...

Abdülmuttalib gülen gözlerle Veheb'e nazar etti ve dedi:

— Seni tebrik ederim, ey Veheb! Büyük bir asalet ve incelik gösterdin. Herkes kız çocuklarını diri diri toprağa gömerken ve bir canavardan daha katı kalp taşırken senin bu ince anlayışına hayran oldum. Ümid ederim ki bu yavrunun şan ve şerefi dillere destan olur.

Abdülmuttalib'in bu sözleri üzerine herkes Veheb'i tebrike koştu. Veheb misafirlerine görülmemiş bir ziyafet verdi. Bu çocuğun şerefine köleler azâd etti, şenlikler akşama kadar sürdü. Halk birer ikişer dağılmağa başlayınca Abdülmuttalib de oturduğu yerden ayağa kalktı ve şöyle dedi:

— Ey insanlar!... Veheb'in kızının adını **Âmine** koyuyorum. Kâbe'nin Rabbine andolsun ki, bu kız büyük bir tecelliye nail olacaktır!...

Göz ve gönülleri putlara baka baka kararan Mekkeliler, Abdülmuttalib'in bu sözüne hayret ettiler. Kureyş'in Seyyidi neler de söylüyordu. Fakat kimse ona bunun sebebini sormaya cesaret edemedi.

Güneş, dünya üzerinden son ışıklarını toplarken Veheb'in misafirleri de evlerinin yolunu tutmuştu.

Abdülmuttalib yine en son ayrılan kişi oldu. Ayrılacağı anda nûr yumağı yavruyu istedi. Çocuk bir cariyenin kucağında getirildi. Peygamber dedesi Abdülmuttalib'in içinde ırmaklar çağlıyordu. Mini mini yavruyu kucağına aldı, nefes nefes kokladı, gözlerini Veheb'in gözlerine dikip:

— Ey Veheb, dedi; bu kız için sevin. Bunun istikbâlini parlak görüyorum!...

Veheb, çırpınan bir alev gibi Abdülmuttalib'in etrafında döndü:

— Ey kavmin ulusu, dedi; rüyalarım gerçek çıkarsa büyük bir tecelliye nail olacağımı ummaktayım. Çünkü bu kız için birçok rüyalar görmüşümdür!...

Abdülmuttalib daha tek kelime konuşmaksızın başını alıp gitti. Veheb bir zaman onun arkasından bakıp durdu.

Gülen Gece

Güneş batmış, mavi gecelerin karanlığı perde perde Mekke üzerine inmişti.

Veheb şimdi Berre'nin yatağının başucunda oturuyordu. Berre nar çiçeğine benzeyen yüzünü yeşil bir ipekle örtmüş, gözlerini kapamış, derin bir uykuya dalmıştı.

O kadar canlar yakan bir güzelliği vardı ki, Veheb bile ilk defa bunun farkına varıyordu. Sanki bugüne kadar Berre'nin yüzüne hiç bakmamıştı. O ne yüz, o ne içler yakan cemaldi?..

Âmine'nin kundağını yanına almış, kolunu bir yastık gibi yavrunun başı altına koymuştu. İki kudret güzeli şimdi mışıl mışıl uyuyorlardı. Veheb gözlerini bir türlü bu güzellikten ayıramıyordu.

Gökyüzünde yıldızlar küme küme olmuştu. nûr serpen ay, Veheb'in konağının üstüne gelip ışıklarını pencerelerden içeriye salıvermişti. Bir başka güzellik vardı gecede.

Gece adetâ gülüyordu.

Bu küçük yavrunun şerefine göklerde bile düğün vardı. Cennetin nazlı hurileri kim bilir nasıl da seviniyorlardı?...

Veheb uzun zaman içeride kaldıktan sonra birazcık serinlemek için konağın balkonuna çıktı.

Gözlerini mavilik cenneti semaya dikip baktı.

Ay meş'alesinin aydınlattığı bu cihan bir başka cihandı. Gökler ülkesi kucak açmıştı. Sanki yanağı, ümid bayramının sabahı idi. Yıldızlar, gökler gelininin boynuna birer inci gibi dizilmişti. Yanağının rengi pamuklar arasındaki yakuta benziyordu. Dudağının mercanı şekerler döken bir cevher, yüzünün parlaklığı gül saçan bir mehtaptı.

Zühre oğlu Veheb gecenin âhengine o kadar dalmıştı ki, gözlerine uyku bile girmiyordu.

İsa Nebinin gülü, Meryem, hâtûnun buhuru hep bu gecenin içinde çağlıyordu. Gül goncaları bu gecenin kanatlı bülbülleriydi. Taze erguvan fidanı, aşk âteşinin meyvesini getiriyordu.

Veheb'in gönül toprağına gaybî inciler yağıp duruyordu. Birden kulaklarını tırmalayan bir çığlık duydu. Bu tatlı bir çığlıktı. Mini mini Âmine uyanmış, kundağının içinde haykırıyordu.

Veheb bir rüzgâr gibi balkon kapısından içeri süzüldü. Âmine'nin kundağını kaptığı gibi yine balkona koştu. Küçük yavru kara kara gözlerini açmış, ceylân bakışlarını ay meş'alesine dikmişti. Sanki büyük bir adamdı.

Dikkatle bakıyordu fezanın aydın ışığına. Semanın derinliklerinde yine yıldızlar oynaşıyordu. Veheb dudaklarını Âmine'nin ışıklar dolu alnına koydu.

Öptü, öptü, öptü.

Birden gözyaşları bir ırmak gibi akmaya başladı. İçinde bir gariplik vardı. Ne oluyordu? Bu sıcak gözyaşları sevinç incileri miydi?

Yüce Allah, kalbine ilhamlar mı yağdırıyordu? Aşkın gözyaşı çok defa ateş damlaları olurdu. Mecnun ile Leylâ'nın hâlini hatırladı. Dilinden şu kelimeler dökülüverdi:

— Leylâ söğüt ağacı gibi saçlarını dağıtınca, Mecnun'a, sahraya çıkmak düşer!...

Veheb bu sözü nasıl olup da söylediğine sonra hayret etti. Kucağında tuttuğu Âmine'ye sıkı sıkı sarıldı ve dedi:

— Ey gonca, ey gönül bezeyen güzel!... Can meclisinde istek mumu alevlendi. Bülbül bahara erdi, gül sohbeti yeniledi. Senin gelişin bir geliş oldu ki, can sazımın inleyen telleri şimdi aşk nağmeleri koyvermeye başladı. Sen, ne güzel bir kudret fidanısın ki, gönül, o burçta konaklamış ay yüzündeki bene meyletti.

Veheb belki daha nice inciler saçıp duracaktı. Ne var ki, Berre yatağından kalkmış, Amine'nin kundağını göremeyince telâşla o yana bu yana dönmeye başlamıştı. Bu esnada da Veheb'in sesini duymuş, balkona koşmuştu. O ceylân gözleri şimdi sevinç yaşları döküyordu. Veheb'den duydukları kendisini son derece memnun etmişti. Veheb'in bir kız çocuğunu bu kadar seveceğini hiç ummuyordu. Ne ki, Veheb bir pınar gibi çağlayıp duruyordu.

Ayaklarının ucuna basa basa Veheb'in yanına kadar sokulan Berre şimdi bir tüy kadar hafifti. Gecenin ılık rüzgârı yanaklarını okşayıp geçiyordu.

— Bu parlak yıldız, bana, kendi talihimden düştü, diye seviniyordu. Varıp arkadan Veheb'in boynuna sarıldı ve fısıldadı:

— Bir incim var; gözyaşı mı desem, gönül mü desem ne desem? O tek ve eşsiz inci, açıkça benim; fakat gizlice senin. Ne güzel bir tecelli ki, benim incim, sabaha benzeyen göğsüne, gönlüne konuk olarak gelmiş, ey Veheb!...

Veheb hayretle yerinden kalktı. O, Berre'yi uyuyor zannediyordu. Gecenin bu saatinde kalkıp balkona çıkacağını hiç düşünmemişti.

Ay meş'âlesinin aydınlattığı cihan sarayında Veheb ile Berre birbirlerine bakınıp duruyorlardı. Mini mini Âmine hâlâ babasının kucağında gülümsüyordu.

Veheb yine bir deniz gibi coşmuştu. Âmine'nin pamuk yanaklarını okşadı:

— Ey güzel gül, ey baha biçilmez inci, dedi; bahar şimşeği gibi gelip gönlüme düşüverdin!...

Berre:

— Ey Veheb, dedi; neler de söylüyorsun? Haydi içeri girelim de Âmine'ye meme vereyim ve bir miktar daha uyuyayım!

Bunun üzerine içeri girip oturdular. Âmine'yi naz ve safa ile uyuttular. Gecenin sessizliği bir tatlı huzur vermişti onlara, bir müddet sonra kendileri de yataklarına uzanıp uykunun kollarına atıldılar.

Akıp Giden Yıllar

Zaman ırmağı yine hiç durmaksızın akıyordu. Günler, geceler, haftalar, aylar birbiri ardınca gelip geçiyordu.

Âmine günden güne gelişiyor, nar çiçeğine benzeyen yüzü bir tatlı güzellikle gönüllere huzur veriyordu. Seneler akıp gitmiş, Âmine 7 yaşına ayak basmıştı. Babasının ve annesinin itinalı bakışları altında bir kudret fidanı gibi büyüyordu.

Yine Mekke'de sabah olmuştu.

Kuşların cıvıltısı gönüllere doluyordu.

Güneş ak tepeli dağlar ardından başını göstermiş aydınlık her tarafı dalga dalga sarmıştı.

Âmine erkenden kalkmış, konaklarının bahçesine inmiş, hurma ağaçlarından birinin altına oturmuş oynuyordu.

O kadar güzel bir duruşu vardı ki, uzaktan gören, bu nasıl bir inci ki, cihan toprağını aydınlatıyor, demekten kendini alamazdı.

Âmine kendi hâlinde sıcak kumlar üstünde bir ceylân gibi nazla sıçrayıp duruyordu. Biraz sonra yanına komşu kızlar da geldi. Veheb'in konağının bahçesi şimdi çocuk sesleriyle gürül gürül çağlıyordu.

Veheb bu seslerden çok hoşlanıyordu.

Hemen konağın balkonuna çıktı ve Âmine'nin etrafında birer yelpaze gibi dönen kızları gördü. Yüzü tatlı bir ışıkla aydınlandı. Bir müddet zıplayan, haykıran, oynayan kızlara baktı.

Sevinç ve saâdetten uçacak gibi oluvermişti. Nice bir sevgiydi bu? İçine sanki billûr ırmaklar akıyordu. Âmine'nin varlığı hayatına yepyeni bir akış vermişti. Derin düşüncelere dalıp gitmişti ki, Âmine'nin çığlığı ile ak çiçekli bir söğüt dalı gibi salındı. Âmine çığlık atıp duruyordu, ne olmuştu şanlı incisine?

Yerinden bir ok gibi fırladı. Merdivenleri üçer beşer atlayarak aşağı indi. Sokak kapısını aralayıp kendisini bahçeye attı. Âmine'nin gözleri iplik iplik yaşlarla doluydu:

— Ey güzel incim, dedi; ne oldu sana?

Âmine'nin yerine diğer çocuklar cevap verdiler:

— Âmine'yi arı soktu, bak kolu ne kadar şişti!...

Gerçekten de Âmine'nin kolu şişmişti.

Veheb derhal Âmine'yi kucakladı, gözlerinin yaşını sildi. Çocuklara emir verdi:

— Koşun, evden sirke getirin!...

Bir kız beyaz entarisini sürükleyerek rüzgâr gibi konak kapısından içeri süzüldü. O demde Berre içeride işleriyle meşguldü. Ne Âmine'nin çığlığını duymuş, ne de kendisine doğru koşan küçük kızı görmüştü. Kız gönül gönül çağlayarak seslendi:

— Berre teyze, Berre teyze!...

Berre birden irkildi. Dönüp baktı. Âmine'nin oyun arkadaşlarından bir kız karşısında çığlık atıyordu. Hemen sordu:

— Ne oldu, ey yavrum?

Küçük kızın dili düğüm düğüm oldu. Kekeleyerek:

— Âmine'yi arı soktu, diye inledi.

Berre, beynine yıldırım düşmüş gibi sarsıldı. Derhal bahçeye koşmak için adımlarını attı. Küçük kız Berre'nin eteklerine sarılıp onu durdurdu:

— Veheb amcam sirke istiyor, beraber sirke de götür, ey teyze!...

O zaman Berre işin ciddiyetini daha iyi anlayarak sirke çanağını eline aldığı gibi nefes nefes koştu.

Âmine babasının kucağında çırpınıp duruyordu.

Kara kara gözleri inci taneleri gibi yaşlarla doluydu.

Başucunda kız arkadaşları kanat çırpıyorlardı. Berre, kalbinin üstüne elini bastıra bastıra Âmine'nin yanına vardı:

— Âh iki gözümün nûru, dedi; nasıl da ağlamışsın!

Veheb, Âmine'nin ızdırabını bir an evvel indirmek için arının soktuğu yeri sirke ile ovmağa başladı. Şişkinlik birden indi, Âmine'nin yüzü yeniden çiçekler gibi neş'eyle açılmaya başladı.

Bahçede bu işler olurken uzaktan beri kaynaşmayı gören bir başka çocuk adımlarını sıklaştırmıştı. Nihayet bahçeden içeri süzüldü. Hurma ağacının altında halkalanan insanların yanına varıp selâm verdi ve dedi:

— Nedir bu telâşınız?

Veheb başını kaldırıp baktı. Bir de ne görsün? Abdülmuttalib'in güzel oğlu Abdullah değil mi? Sevinç ve saâdetle gülümseyerek:

— Ey Abdullah, dedi; hoş geldin! Seni hiç beklemiyordum, nasıl ve nereden geldin?

Abdullah'ın alnında ülker yıldızı gibi parıldayan bir nûr vardı. Abdullah gülümsediği zaman o nûr bir başka güzellikle parıldıyordu.

Şimdi yine alnında elmaslar nokta nokta oynaşıp duruyordu. Geliş sebebini şöyle anlattı:

— Sokaktan geçiyordum, telâşınızı gördüm. Belki yardıma ihtiyacınız olur diye düşünerek geldim!

Veheb, bu asil duygulu gencin yüzüne tatlı tatlı baktı. Berre de konağa koşup misafirine ikram etmek için hurma şerbetini getirdi.

Kız çocukları birer birer evlerine dağılıp gittiler. Şimdi konağın bahçesinde Veheb, Abdullah, Berre ve Âmine'den başka kimse yoktu.

Âmine ceylân bakışlarını Abdullah'ın alnındaki nûra dikmişti. Çocuk olmasına rağmen ince ve derin bir zekâya mâlikti. Bir kuş gibi cıvıldayarak bunun hikmetini Abdullah'tan sordu:

— Ey Abdullah! Alnındaki parıltıdan haberin var mı?

Abdullah başını eğip mırıldandı:

— Evet!... Fakat ne olduğunu ben de bilmiyorum!

Âmine daha üstelemedi. Ne var ki, gönlüne bir ateş düşmüş bulunuyordu. Çocuk kalbi heyecanla çarpmaya başlamıştı bile.

Abdullah'ın gönül denizinin incileri de harekete geçmiş bulunuyordu. İki çocuk kendi dünyalarında, bilmedikleri bir hisle dolup taşmışlardı.

Allah Evi Kâbe

Âmine ile Abdullah'ın ilk tanışmaları böyle olmuştu. Aradan seneler geçmiş, iki genç günden güne bir kudret fidanı gibi boy vermişti. Veheb ve Berre, Âmine'nin doğumundaki sevinci hâlâ unutamamışlardı. Âmine'nin üstüne titriyorlardı.

Veheb, çok kerre Âmine'nin elinden tutar, onu Kâbe'ye götürürdü. Allah'ın evi Kâbe Âmine'ye tatlı bir huzur veriyordu.

Yine bir öğle sonuydu.

Veheb ile Âmine Mekke sokaklarında ilerliyorlardı. Niyetleri yine Allah'ın evini ziyaret etmekti.

Tatlı düşüncelerle ağır ağır ilerliyorlardı.

İşte Kâbe'ye gelmişlerdi bile. Âmine'nin yüzü elmas renkli inciler gibi aydınlandı. Çünkü Kâbe'nin Hatim denilen yerinde Abdullah'ı görmüştü. Abdullah orada oturmuş düşünüyordu.

Yine nûr ve ışık cümbüşü içindeydi Abdullah.

Her âzasından pırıltıların fışkırdığı görülüyordu. Ne kadar da masum bir duruşu vardı.

Âmine onu görür görmez yine dalga dalga heyecanla dolmuştu. Bu heyecanın sebebini de bir türlü anlayamıyordu.

Babasının eteğinden çekip ileriyi işaret etti:

— Baba, baba! Hatîm'de oturanı görüyor musun?

Veheb dikkat edip bakınca Abdullah'ı gördü. Yüzü sabahlar gibi aydınlandı. Kızının saçlarını okşadı ve dedi:

— Ey nazlı haber kuşum! O, Abdullah değil mi?

Âmine pınar pınar çağladı:

— Tâ kendisi, ey babam!...

Güzel Abdullah da geldikleri andan itibaren onları görmüştü. Yerinden kalktı, dudaklarına tatlı bir tebessüm kondurarak bir iki adım attı:

— Âh, dedi; sizi hiç beklemiyordum. Nasılsınız?

Veheb ve Âmine gülen gözlerle Abdullah'a teşekkür ettiler. Sonra üçü birden Kâbe'yi tavaf edip bir yere oturdular.

Kâbe yine insanlarla dolup taşıyordu.

Allah'ın bu kudsî evi her zaman böyle olurdu. Ne var ki, insanlar onun kudsiyetini gölgeliyorlardı.

İşte yaşlı bir adam putların önünde yerlere kapanmış zârı zârı ağlıyordu. Bir başkası putlar için adakta bulunuyordu.

Bu manzara Abdullah'ı çok üzmüştü. Işıklar çağlayan gözlerini Veheb'in gözlerine dikip tane tane konuştu:

— Şu Kâbe bir saâdet sabahına kavuşmayacak mı? İnsanlar kendilerine hayat bahşeden Yüce Allah'ı bilmeyecek mi? Putların kara ismi dudaklardan ve gönüllerden silinmeyecek mi? Bu ne belâlı bir devir ki, her gelen gün gideni aratıyor. Vadilerden kan ve kir akıyor, yüreklerden acı feryatlar yükseliyor. Kanlı ayaklar başlarda geziniyor.

Abdullah belki daha konuşacaktı.

Kelimeler dudaklarında donup kaldı. Çünkü acı bir feryat kulaklarını tırmalamıştı.

Dönüp sesin geldiği tarafa baktılar. Ayaklarından zincire vurulmuş bir adamı sürükleye sürükleye getiriyorlardı. Bir taraftan da çıplak vücuduna kamçılar inip duruyordu. Her kamçının sonunda adamın vücudundan kanlar fışkırıyordu.

Zavallı adam her kamçı indikçe çığlığı basıyordu:

— Beni kurtarın, beni kurtarın!...

Bir düşküne, bir masuma yardım etmek nerde? Halk bu manzaraya kahkaha ile gülerek bakıyordu.

Abdullah'ın güzel yüzü buruş buruş oldu.

Âmine de derin bir acı ile kıvrandı.

Nihayet adamı sokak ortasında sıcak kumlar üstünde sırt üstü yatırıp tekmelemeye koyuldular.

O kadar şiddetle tekmeliyorlardı ki, zavallı adamcağız kendinden geçiverdi.

Yeni bir kahkaha tufanı göklere yükseldi.

Artık bu kadar da canavarlık olamazdı. Abdullah daha fazla sabredemedi. Yâ Allah! deyip bir ok gibi ileri fırladı.

Veheb de onu takip etti. Âmine'nin kara gözleri hayretle açılmış etrafına bakınıyordu.

Abdullah varıp kahkaha ile gülen ve adamı tekmeleyen azgınlara çıkıştı:

— Siz de hiç insaf yok mu, bu zavallıyı niçin böyle tekmeliyorsunuz?

Kara suratlı bir adam köpek gibi uludu:

— Sana ne süt kuzusu?

Abdullah çocuk sayılacak yaşta olmasına rağmen güçlü kuvvetli bir gençti. Aynı zamanda ok talimleri de yapmıştı. Kanının her zerresinde bir volkan kaynıyordu.

Sırıtan adam ters ters baktı:

— Haydi böbürlenmeyi bırak da buradan toz ol. Yoksa seni ben toz edeceğim!...

Yeni bir haykırış Mekke sokaklarına dalga dalga yayıldı:

— Olacak şey mi? Bir çocuk bana meydan okusun!

Kara suratlı sırtlan adamın sözü dudaklarında donup kaldı. Suratına müthiş bir yumruğun indiğini ancak yerleri öperken anlayabildi. Abdullah, kendisiyle alay etmeye kalkan adama müthiş bir yumruk savurmuş ve onu yere yuvarlamıştı. Adam derhal ayağa kalkıp bir sırtlan gibi saldırıya geçti:

— Yedim seni ey çocuk!...

Yumruklarını sıkıp elini havaya kaldırdı. Tam Abdullah'ın çenesine indirecekti ki, eli havada kaldı. Mengene gibi bir el arkadan gelip adamın bileğine geçmişti.

Adam öfkeyle dönüp baktı.

Veheb'i görünce de avaz avaz bağırdı:

— Bırak kolumu ey şaşkın, onu geberteceğim!...

Veheb'in gür sesi ortalığı inletti:

— Onun kim olduğunu biliyor musun?

— Nereden bileceğim!...

— Öğren o halde. O, bu şehrin Seyyidi Abdülmuttalib'in küçük oğludur. Geride on tane daha kardeşi vardır. Ona bir zarar erişirse canını nasıl kurtaracaksın?

— Demek çetin bir kayaya toslamışız?

— Evet!...

Ve adam tek kelime söyleyemeden başını alıp gitti. Arkadaşları da ardınca sokağa saplandılar ve gözden kayboldular.

Abdullah, yerde yatan, kanlar ve terler içinde inleyen, ayaklarından zincirle bağlanan adamın yardımına koştu. Derhal ayaklarının bağını çözdü, kanın ve terin birbirine karıştığı vücudunu silmeye başladı. Bir müddet sonra adam gözlerini usul usul açtı ve mırıldandı:

— Ben neredeyim?

Abdullah cevap verdi:

— Emin ellerdesin. Suçun ne idi ki seni bu hâle koydular?

— Suçum mu?

— Evet.

— Hiçbir suçum yok. Yabancı bir adamım. Kâbe'yi ziyaret maksadiyle gelmiştim. Ne var ki, bu azgın adamların eline düştüm. Beni soydular, devemi aldılar. Kendilerine karşı geldiğim için de işte bu hâle koydular.

— Geçmiş olsun, pek üzüldüm. Ben bu kavmin Seyyidinin oğluyum, seni babama götürürüm. Zarar ve ziyanın tek kuruşuna kadar ödenir.

Adamın yüzü birden aydınlandı. Kalkıp Abdullah'ın ellerine sarılmak istiyordu. Ne ki, kalkabilecek takati kendisinde bulamadı.

Abdullah, Veheb ile Âmine'ye vedâ edip adamın koluna girdi ve onu kendi evlerine götürdü.

Âmine, Abdullah'ın gösterdiği bu güzel ahlâk ve asalete hayran olmuştu. Babası Veheb'e sokulup:

— Babacığım, dedi; Abdullah'ın gönlü de yüzü gibi güzel!...

Veheb, Âmine'nin ay yüzüne bakıp gülümsedi, saçlarını tel tel okşadı:

— Evet, ey güzel kızım, dedi; onun her âzasından asalet, nûr, ışık ve aydınlık fışkırıyor.

Âmine deniz deniz çağladı:

— Sevdim onu, ey babam!...

— Sevilmeye lâyık bir genç. Fakat sevgini şimdilik gönlünde sakla.

— Öyle yapacağım.

Güneş yine batmak üzereydi. Veheb ile Âmine Kâbe'den çıkmışlar, yola revan olmuşlardı.

Gecenin siyah örtüsü yavaş yavaş Mekke üzerine iniyordu. Biraz sonra her taraf karanlığın girdabında yüzecekti.

Sokaklar yine nâra atan sarhoşlarla doluydu.

Kimi kızgın taşlar üstüne oturmuş, eline şarap çanağını almış, kan yuvası gözlerini yollara dikmiş durmadan içiyordu.

Kıvrım kıvrım uzayan sokaklar bu mezarsız ölülerin mekânıydı.

O sırada yoldan genç bir kadın geçmekteydi. Kafası içkinin tesiriyle iyice dumanlanmış olanlardan biri elindeki çanağı yolun ortasına fırlattı ve haykırdı:

— Heyttt!... Var mı bana yan bakan?

Genç kadın korku dolu gözlerle dönüp baktı. Ne var ki, aynı anda da sarhoş adamın pençesi bileğine geçiverdi.

Kadın şaşkın ve bitkin bir halde inledi:

— Çekil yolundan, ey adam!... Ben evli ve namuslu bir kadınım.

Fakat onu duyan olmadı bile.

Diğer sarhoşlar kahkaha ile gülüyorlardı.

Bu manzaradan Amine'nin güzel yüzü acı ve ızdırabla gerildi. Veheb derhal kadının yardımına koştu. Sarhoş adamı elinin tersiyle iterek yere düşürdü:

— Çekil yoldan lânetli herif!...

Sarhoş kafa tutmak istedi:

— Kimdir bana mani olan?

Ayağa kalkıp körkütük Veheb'in üzerine atıldı. Aynı anda da suratına müthiş bir yumruğun indiğini fark etti. Yine yüzüstü yere kapaklanmıştı.

Veheb artık onunla meşgul olmadı:

— Ey Âmine, dedi; acele et, gidiyoruz!...

Ve sokağın kalbine saplanıp gözden kayboldular. Bir müddet sonra konaklarının kapısındaydılar. Kapıya varıp tıkırdattılar:

— Tak, tak, takk!...

İçeriden Berre'nin sesi duyuldu:

— Kim o?

Âmine babasından evvel davrandı ve bir su gibi çağladı:

— Biz geldik, ey annem!...

Berre kapıya koştu, kapıyı açıp hayretli bakışlarını Veheb ve Âmine'nin üzerinde gezdirdikten sonra sordu:

— Bu âna kadar neredeydiniz? Baba kız alıp başınızı gidiyorsunuz, sizi kıskanıyorum.

Veheb gülümsedi:

— Haklısın, ey Berre, biraz geciktik.

Âmine kanatlı bir kuş gibi uçtu, annesinin boynuna sarıldı, kara kara gözleri saâdet ışıklariyle doluydu:

— Ey güzel annem, dedi; kimi gördüm biliyor musun?

— Ne bileyim, ey kızım!...

— Kâbe'de yine Abdullah ile karşılaştık.

— Demek sevincin ondan.

— Evet, sevinmedim desem yalan olur. Onu ne zaman görsem bütün dertlerimi unutuyorum.

— Güzel bir duygu. Ne var ki, bazan da insanın yüreğine hicran oku olup saplanır. Artık bu hicran gecesinin bir gündüzü de olmaz. Dilerim ki senin günün hep aydın olsun, güzel yüzün hiç solmasın!...

Veheb Berre'ye sert sert baktı:

— Ayak üstü konuşmayı bırakın da yiyecek bir şeyler getirin!...

Ve hızlı hızlı yürüyerek merdivenleri tırmandı. Artık günün bütün aydınlığı son bulmuş, gecenin mavi örtüsü Mekke üzerine inmişti.

Veheb yine konağının balkonunda oturuyordu.

Âmine gözlerini fezanın derinliklerine dikmiş, gökler aynasına bakıyordu. Nûr serpen ay bir başka güzellikteydi. Gökyüzünde küme küme yıldızlar vardı. Pembe, mavi bulutlar ufukların ötesinde kaynaşıyordu. Seyrine doyulmaz bir manzaraydı bu.

Âmine, gece hiç bitmese, yıldızlar evimizin damı üstünde hep böyle dursa, diye düşündü, öyle derin düşüncelere dalmıştı ki, annesinin sesi kulağının dibinde çağladı:

— Ey gözümün nûru kızım, haydi biraz yatağına uzan. Biz de yatıyoruz.

Âmine, ay yüzünü annesine döndürüp gülümsedi:

— Siz yatın, ey annem. Ben bir müddet daha gecenin sessizliğinde gökleri seyredeceğim.

Âmine'nin anne ve babası odalarına çekilip derin bir uykuya daldılar. Âmine hâlâ konağın balkonunda oturuyordu.

Ne vakte kadar oturduğunu kendisi de bilmiyordu. Gönlü bir pınar gibi çağlıyordu. Bu ince ince çağlayış nedendi? Bu hasret, bu firkat ne demek oluyordu?

Gönül dudaklarından inci taneleri gibi kelimeler dökülmeye başladı:

— Â benim muradımın gülü, â bu kutlu toprağın altın başaklı lâlesi! Sen şimdi naz uykusundasın. Ben ise gam seline değirmen oldum. Sen zevk ve safâ beşiğinde rahat et. Ben bu hicran gecesinde ızdırab ipleriyle düğüm düğüm bağlanayım. Korkarım ki, sitem şişine kebap olacağım!...

Âmine, hem böyle söylüyor, hem de hıçkırıklarını tutamıyordu. O kadar ki, annesi bile onun inleyişini duymuş, yatağından fırlayıp gelmişti. Gecenin bu saatinde Âmine niçin zârı zârı ağlasındı.

Berre, çırpınan bir alev gibi kızını yumak yumak sardı:

— Ey gonca, ey gönül denizimin şanlı incisi; seni ağlatan sebep nedir?

Âmine hıçkıra hıçkıra kendisini annesinin kollarına attı:

— Âh, dedi; bilemiyorum ki. Aşk tufanı mı coşup köpürdü, hicran ırmağının arkına mı düştüm?

Anne kız daha tek kelime konuşmadılar.

Âmine de varıp yatağının üzerine uzandı. Bir müddet hayâl âleminin billûr saraylarında gezindikten sonra kendisini tamamiyle uykunun kollarına bıraktı.

Göz kapakları, birer siyah inciyi andıran gözlerinin üzerine bir perde gibi kapandı. O mânâ dolu gözler şimdi bir başka âlemin kapısındaydı. Sanki Cennete açılan pencerenin önünde durmuş da güzel hurileri seyre dalmıştı.

Âmine bir rüya görüyordu.

Gökyüzünden bir ip sarkıtılmıştı. Nûr gibi pırıl pırıl bir ip. Ucunda, içi incilerle dolu bir de kova vardı.

Kova gele gele Âmine'nin önüne kadar yuvarlanmıştı. O elmas renkli inciler Âmine'nin entarisinin eteklerine dökülüp her tarafa ışık ışık saçılmıştı.

Yüzü ayın on dördü gibi parıldayan bir ihtiyar belirmişti. Gülümseyerek Âmine'ye nazar ediyor ve şöyle diyordu:

— Ey âlem kadınlarının övüncü, ey ululukların, yüceliklerin hepsine mazhar olan. Hiç gam çekme ki ebedîlik pâdişâhı senden zuhur edecektir. Sen öyle bir devlete ereceksin ki, adın kıyamete kadar hürmetle anılacaktır!...

Âmine, sevinç ve saâdetle dolarak yatağından fırladı. Gözlerini açıp etrafına baktı.

Ne o ay yüzlü ihtiyar, ne de inci dolu kova vardı.

Sabah olmuş, güneş ak tepeli dağlar ardından çıkmış, Mekke yine fokur fokur kaynamaya başlamıştı.

Mekke'nin kaderiydi bu.

Sabah doğan, akşam batan güneş, ateşten oklarıyla Mekke'yi döve durdu. Ne ki, Âmine'nin şimdi bunları düşünecek zamanı yoktu.

Kalkıp balkona koştu.

Annesi ile babası orada oturuyorlardı. Âmine'nin bir ceylân gibi sıçrayarak geldiğini görünce yüzleri aydınlandı.

Veheb, dikkatle Âmine'nin nar çiçeğine benzeyen yüzüne bakıyordu. Bu yüzde bugün bir başkalık, bir edâ, bir tatlı parıltı vardı. Dayanamayıp sordu:

— Ey gönül denizimin incisi, seni sevinçli görüyorum. Söyle, tatlı bir haber mi aldın?

Âmine koşup babasının boynuna sarıldı ve bir kuş gibi cıvıldadı:

— Ey benim babam, bir rüya gördüm ki, eteklerime inciler dolduruldu. Müjdeler demet demet sunuldu. Nasıl anlatayım ki, görmeyen bilmez.

Berre hemen atıldı:

— Ey gonca dudaklı güzel! Konuş da, konuşmaların meclisimizi nûrlandırsın!...

Âmine, gözlerini ufuklara dikip rüyada gördüklerini tane tane anlattı. Veheb ve Berre heyecandan boğulacak gibi olmuşlardı. Veheb yerinden kalkıp kızının etrafında bir pervane gibi döndü ve ürpererek konuştu:

— Ey Âmine! Güzellikte kimse senin kolunu bükemez.

Gün boyu bu tatlı sohbet sürüp gitti. Veheb, kızı üzerine titriyordu, onu Cennetlere sultan olacak bir gelin olarak yetiştirmeye koyuldu. Zaman ırmağı da durmadan akıp gidiyordu.

Seneler akıp gitti. Âmine dünya bahçesine geleli 17 sene olmuştu. Abdullah da 23 yaşına basmıştı.

Bunca sene ne de çabuk akıp gitmişti. Kâinat denizinde yüzen ömür gemileri bir türlü kurtuluş rıhtımına demir atamamışlardı.

Nice kanlı hâdiseler tarihin derinliklerine gömülmüştü. Dünya bir bekleyişin içindeydi.

Âmine bile şu anda bir şeyler bekliyordu. Bakalım zaman ne gösterecek, kader ipleri ömür kumaşı üzerine nasıl bir düğüm vuracaktı...

ÜÇÜNCÜ BÖLÜM

Buraya kadar hayâl denizimizden topladığımız incileri sunduk. Bundan sonrası tamamiyle tarihî hâdiseleri aksettirecek ve eserimizin esasını teşkil edecektir.

Bu bölümde Hazret-i Abdullah ile Hazret-i Âmine'nin evlenmeleri ve Âlemlere Rahmet olan Cenâb-ı Peygamberin doğumu anlatılacaktır.

Bana Ne Oluyor?

Şimdi tâ gerilere dönüyoruz ve zaman denizinin içinden hakikat incileri toplamaya koyuluyoruz.

İşe Peygamber dedesi Abdülmuttalib'den başlıyoruz. O Abdülmuttalib ki, Muhammedî nûru alnında taşıyanlardan.

Yine günlerden biri.

Abdülmuttalib, Kâbe hareminde yatmış, uyumakta.

Ne gökte fıkırdayan güneşten haberi var, ne yerde alev alev yanan kûmlardan. Derin bir uykunun kollarında.

Birden gözlerini açtı.

Hayretinden ve dehşetinden zıpladı.

Gördüğü Abdülmuttalib, bildiği Abdülmuttalib olmaktan çıkıvermişti. Bu kadar kısa zamanda nasıl da değişivermişti.

Gözleri sürmelenmiş, yüzüne sanki bir Yûsuf güzelliği sinmişti. Yüzünün her çizgisinde ayrı bir mânâ, her noktasında tatlı bir edâ vardı.

Göklerin dudağı mı gelip alnına değmiş,

Ey sırları bilen Rab, bu ne acâip bir iş?

Bu hâl ne hâldir bilemedi. Bunu kimin, hangi esrarlı parmağın yaptığını düşündü. Ne ki, cevap bulamadı.

Doğru babasına koştu, kan ter içinde evlerinin kapısına varıp yumrukladı:

— Güm, güm, güm!...

Kapı hemen açıldı. Hayret ve dehşetle açılmış gözler Abdülmuttalib'in üzerine dikildi. Abdülmuttalib çığlığı bastı:

— Ey benim babam! Bu hâlden anlayan birine götür beni. Çâreme bak benim!

Babası derhal Abdülmuttalib'in önüne düştü ve onu Kureyş kâhinlerine götürdü. Kâhinlerin gözleri yuvalarının içinde fır fır döndü.

Bu edâ, bu güzellik, bu nûr kimi büyülemez ki... Bu hâlden şöyle bir mânâ süzdüler:

— Gökler Tanrısı bu çocuğun evlendirilmesini murad ediyor!...

Baba durabilir mi hiç?

Abdülmuttalib'i hemen evlendirdi. Bir müddet sonra da Abdülmuttalib'in zevcesi öteler âlemine göçtü. Ve ikinci bir evlilik daha.

Abdülmuttalib'in esrarlı hâli yine devam etmekte. Vücudundan mest edici kokular buram buram yayılıyor ve alnındaki nûr ışık saçıyordu.

Nasıl anlatsam ki?

Sanki gündüz içinde ayrı bir gündüz. Alnında binlerce ülker yıldızı nokta nokta oynaşıp duruyordu.

Bir başka gündü. Yine Abdülmuttalib Kâbe'nin hareminde uyuyordu. Yine esrarlı bir rüya gördü:

Arkasından gümüş zincirler fışkırmış. Ama nasıl bir fışkırış? Birinin ucu göklerde, birininki güneşin doğduğu yönde, öbürününkü de batı tarafında.

Nûrdan iplikler hâlinde her istikâmete dağılan zincirler. Nihayet bir ağaç nizamında çiçek çiçek, düğüm düğüm.

Sonra dal dal şubeleniyor ve yaprak yaprak açılıyor. Yapraklar üzerinde gözleri ve gönülleri aydınlatan parıltılar ve her yaprağın üzerinde, inci gibi donmuş bir nûr.

Sanki göklerin aydın ışığı güneş, bütün feyzini bu nûrdan almaktadır.

Ağaç, daldan kollarını, yapraktan ellerini fezanın derinliklerine doğru açmış. Ve her noktasından buram buram hayat tüten ağacın gövdesine, dallarına, bütün girinti ve çıkıntılarına asılıp kalmış mahşerî bir insanlık. Bunca insan, ağacın dallarında bir salkım üzüm gibi durmakta.

Ve Abdülmuttalib rüyalar denizinde yüzmekte.

Bir müddet sonra gözlerini usul usul açıp etrafına bakındı. Ne ağaç, ne zincirler, ne de o mahşerî insanlıktan tek eser yoktu. Bu müthiş rüyanın tesiriyle yerinden bir ok gibi fırladı ve koşmaya başladı. Koşuyor, koşuyordu.

Rüyasını ve gördüklerini tane tane anlattı.

Şöyle tâbir ettiler:

— Ey kutlu kişi, müjdeler olsun sana! Senin soyundan öyle biri gelecek ki, bütün yer ve gök halkı O'nu insanlığın kurtarıcısı bilecek. Ve gerçekten o, bütün insanlığı vahşet zindanından kurtarıp saâdet ülkesine erdirecek.

Abdülmuttalib'in sevinç ve saâdeti artık sonsuzdu. Ve Abdülmuttalib, üçüncü defa Fâtıma isimli bir kızı zevce olarak aldı. Kâinatın biricik Yaradılış Sebebi ve Allah'ın Sevgilisi Cenâb-ı Muhammed'e (sallallahü aleyhi ve sellem) baba olmak şerefini taşıyan Hazret-i Abdullah işte bu kadından dünyaya geldi.

Abdullah'ın ne tecellîlere ereceğine ileride şahid olacağız. Abdullah da tıpkı Ceddi İsmail gibi kurbanlıklardan biri.

Nasıl mı?

Şöyle:

Vaktiyle Amr bin Hâris'in tabileri kâinatın îman beşiği Kâbe'de ve Allah evinde türlü fesada kalkmış, Azîz ve Celîl olan Allah da bunların üzerine bir düşman musallat ederek onları ezdirmişti.

Fesatçı topluluğun reisi, Mekke'den canını kurtarıp kaçarken yine melanetini işlemekten geri durmamıştı.

Tam başını alıp giderken, Kâbe'nin bütün hazinelerini Zemzem kuyusuna atmış ve üzerine taş toprak dökerek hazinenin ve kuyunun izini tamamiyle silmişti. O zamandan beri Zemzem belirsiz bir haldeydi.

İbn-i İshak'ın, Allah'ın yenilmez arslanı ve evliyalar sultânı Hazret-i Ali (Radıyallahü Anh) den rivayetine göre: Abdülmuttalib, bir gün, Kâbe'nin yanında —Hıcır'da— uyuyordu.

Zaten Kâbe'ye gelip uyumak onun âdetindendi.

Rüyasında biri gelip ona:

— Ey Abdülmuttalib, dedi; Tayyibe'yi kaz!...

Abdülmuttalib sordu:

— Tayyibe nedir?

Cevap alamadı.

Adam tek kelime konuşmadan gitti.

Abdülmuttalib ertesi gün yine aynı yerde, yine aynı uykuda. Yine bir rüya. Bir gün evvel rüyasında gördüğü zat tekrar karşısına dikilmiş ona hitab ediyor:

— Berre'yi kaz!...

Abdülmuttalib heyecanla atıldı:

— Berre nedir?

Yine cevap yok.

Abdülmuttalib uykudan uyanıp derin düşüncelere daldı. Fakat bundan pek bir şey anlamadı.

Bir gün sonra yine aynı noktada, yine aynı rüya, yine aynı adam. Bu defa da şöyle dedi:

— Ey Abdülmuttalib, Madnûne'yi kaz!

Ve yine uçup gitti.

Dördüncü gün oldu. Peygamber dedesi Abdülmuttalib yine Kâbe'ye geldi. Yine aynı noktaya uzandı ve derin bir uykuya daldı. Az zaman sonra aynı zat yine rüyasında parıldadı, yine aynı hâl ile konuştu:

— Zemzem'i kaz!...

Abdülmuttalib gönül gönül çağlayarak sordu:

— Ey mübarek adam! Söyle, Zemzem nedir?

Bu defa cevap aldı:

— Zemzem, hiç kesilmez, dibine erilmez, hacıların su ihtiyacını karşılayacağın bir sudur. O, kurbanların kanları, tersleri dökülen yer arasındadır. Alaca kanatlı bir karga, orayı gagalar, orada karınca yuvası da var!...

Abdülmuttalib sevinç ve saâdetle uykudan uyandı. Gönlü bir deniz gibi çağlıyordu. Gördüğü bu rüyalar üzerine Zemzem'i açıp meydana çıkarmak için işe koyuldu.

Yanında oğlu Hâris'ten başka kimse yoktu.

Kazmanın ucu ile buram buram tüten toprağı eşmeye başladı. Abdülmuttalib'in o demde sadece Hâris isimli oğlu vardı. Dünyada bir Hâris, bir de kendisinden başka dayanak yoktu.

Kureyş ileri gelenleri, bu halden hemen haberdar oldular. Dalga dalga gelip Abdülmuttalib'in karşısına dikildiler ve avaz avaz bağırdılar:

— Ey Abdülmuttalib! O, babamız İsmail'in kuyusudur. Onda bizim de hakkımız vardır. Bizi de bu işe iştirak ettir!...

Abdülmuttalib öfkeyle haykırdı:

—- Yapamam! Bu, bana sizsiz tahsis olunmuştur. Aranızda ancak bana verilmiştir! Ne diye şimdi bu işe burnunuzu sokmak istiyorsunuz?

Kureyş uluları, ondan bin beter bir öfkeyle karşılık verdiler:

— Ey Abdülmuttalib! Sen, bize mi kafa tutuyor, boyun eğmiyorsun? Nasıl oluyor bu? Sen, yalnız başına bir kimsesin. Tek oğlundan başka da destekleyicin yok!

Abdülmuttalib'in gözlerinde celâl şimşeği çaktı ve dedi:

— Bunu bana sen mi söylüyorsun? Vah sana!... Senin baban Nevfel, benim babam Hâşim'in himayesinde değil miydi?

Karşılık yine sert ve haşin oldu:

— Ey Abdülmuttalib! Sen de amcam Muttalib'e teslim edilinceye kadar Neccaroğullarından dayılarının yanında böyle idin!... Geçmişi ne de çabuk unutuyorsun.

Peygamber dedesi Abdülmuttalib her taraftan kıskaca alınmıştı. Sanki yüzlerce ızdırab ipi kolu üzerinde düğüm oluvermişti. Bu çileler ormanını biçecek elmas bir kılıç olmalıydı. Ancak o zaman muradına erer, Zemzem'i meydana çıkarabilirdi.

Zemzem'i açmak dâvası Abdülmuttalib için vazgeçilecek bir şey de değildi. Nasıl vazgeçebilirdi ki?

Işıklar dolu gözlerini adama dikip avaz avaz bağırdı:

— Sen, demek beni az ve yalnızlıkla ayıplıyorsun, öyle mi?

Ve o dem tâ gönlünün derinliklerinden gelen bir hisle Allah'a ahdetti:

— Ey benim Rabbim! Bana mübarek kuyuyu meydana çıkarmak gücünü yer. Bu güzel ve hayırlı işe yardım etmeleri için de on oğul ihsan et. Çünkü sen merhametlilerin en merhametlisisin. Muvaffak olursam oğullarımdan birini senin uğrunda kurban edeyim. Adağım olsun!...

Abdülmuttalib'den tüten ızdırabı hayâl edebiliyor musunuz? İşte asil ve soylu Abdülmuttalib böylece nezretmişti.

Yine zaman denilen ırmak akmadaydı.

Günler geceleri, geceler günleri kovalayıp duruyordu. Yüce Allah, Abdülmuttalib'i mahrum etmeyecekti. Onun duâsını kabul buyurdu. Abdülmuttalib'e, her biri bir arslan heybetinde on tane oğul ihsan buyurdu Bunlardan biri ve en küçüğü de Hazret-i Abdullah'tı.

Abdülmuttalib bu oğullarla kuvvet kazandı. Artık kendisine hiç kimse kafa tutamayacak ve o da mübarek kuyuyu meydana çıkaracaktı.

Abdülmuttalib hiç vakit geçirmeden işe koyuldu. Oğullarını yanına alıp Kâbe'ye vardı. Mübarek kuyu, rüyadaki işaretle bulundu. Rüyada işaret edilen yere ilk kazmayı Abdülmuttalib vurdu. Kazı ilerledikçe işaretler de beliriyordu.

Çok geçmeden kuyuya ulaşıldı. Sular pırıl pırıl kaynayarak fışkırmaya başladı. Abdülmuttalib'in sevinci artık sonsuzdu. Kuyunun bulunduğunu, suların fışkırdığını haber alan Kureyşliler gelip Abdülmuttalib'in başında halka halka oldular.

Gözlerine inanamıyorlardı. Bu adam nasıl başarmıştı böyle bir kutlu işi.

Çağlayan suya bakıp susuyorlardı. Belki gönüllerinden çok şeyler geçiriyorlardı. Ne var ki, açıkça söyleyemiyorlardı.

Biri bütün cesaretini toplayarak hatırlattı:

— Ey Abdülmuttalib! Burayı yakıp yıkan düşman kaçarken Hacer'ül-Esved'i bu kuyuya atmıştı. Haberin var mı?

Abdülmuttalib:

— Evet, dedi; haberim vardır. Yoksa onda bir hak mı iddia ediyorsunuz?

Adam kuruyan dudaklarını dili ile ıslatıp usul usul konuştu:

— Hayır!... Ne ki sen de edemezsin!...

— Merak etmeyiniz. O mübarek taşı bulunca, Kabe'deki eski yerine yerleştireceğim!...

— Buna seviniriz, ey Abdülmuttalib!...

Abdülmuttalib yeni bir gayretle derinlere indi ve mübarek taşı buldu. Yüzünde elmaslar nokta nokta oynaştı. Kirlenen, lekelenen taşı Zemzem'le yıkadı. Sonra dudaklarını götürüp Hacer'ül-Esved'in üzerine koydu. Öptü, öptü, öptü!...

Gözlerinden inci taneleri gibi sevinç yaşları akıyordu. Halk da kendisini seyrediyordu.

O yine işi ile meşgul oldu.

Güneşin ateşten okları beyinleri delerken Abdülmuttalib ve oğulları kan ter içinde kazma savuruyorlardı. İşte tam bu anda Kureyşliler yine homurdandılar:

— Bilirsin ki, kaçıp giden düşman buraya altın geyik başlariyle zırhları ve kılıçları saklamıştır. Onlarda bizim de hakkımız vardır!...

— Hiçbir hakkınız yok. Fakat bulayım da anlaşırız.

— Önce anlaşalım. Sonra bize zorluk çıkarırsın.

— Hiçbir zerrede hak iddia edemezsiniz. Ne var ki, ben yine uysallık yapayım, cömert davranayım. Aramızda kur'a çekelim!...

— Nasıl ve ne şekilde?

— İki kur'a Kâbe için, iki kur'a benim için, iki kur'a da sizin için çekeriz! Kur'ada kime ne isabet ederse o onu alır, çıkmayan da mahrum kalır!...

Kureyşliler hep bir ağızdan haykırdılar:

— Ey Abdülmuttalib! Doğrusu, bizim için çok insaflı davrandın!...

Kureyş Büsbütün Hayrette

Abdülmuttalib alnına biriken terleri elinin tersiyle silip işe yeniden koyuldu.

Oğulları da onunla birlikte toprağın bağrını eşiyorlardı. Epeyce derine indiler. Çok geçmeden kuyu içinde parıldayan altın geyik başını ve kılıçları buldular.

Oğullarına emir verdi:

— Şunları Hıcır'a taşıyın!...

Zırhlar, kılıçlar ve altın geyik başı oraya taşındı. Abdülmuttalib'in gür sesi Mekke içinde yankılar yaptı:

— Ey Kureyşliler! Geliniz, kur'aya iştirak ediniz!

Herkes nefes nefese Kâbe'ye koştu. Abdülmuttalib herkesin gözü önünde kur'a çekti.

Altından geyik heykeller Kâbe'ye, kılıç ve zırhlar da Abdülmuttalib'e çıktı.

Bu tecelliden Kureyş'in gözleri hayretle açıldı, akılları kamaştı.

Abdülmuttalib, altın heykelleri Kâbe'nin kapısı üzerine koydu. Kılıç ve zırhları da kendisine mal etmedi. Soyluluğu icabı onları da Kâbe'ye, Allah evine verdi.

Kılıç ve zırhları sac hâline koydurup Kâbe'nin kapısını kapattı. Böylece ilk defa Kâbe'yi altınla süslemek şerefini elde etti. Zemzem kuyusu da o günden sonra bir an durmaksızın çağlayışını sürdürdü. Fakat Abdülmuttalib'i bekleyen bir başka dert vardı bu defa. Çünkü Abdülmuttalib muradına ermişti. Yüce Allah, kendisine on oğul ihsan buyurmuştu. Bu oğullardan birini hak rızası uğrunda fedâ edeceğine söz vermişti. Bakalım şimdi çileli başına daha ne işler gelecekti?..

Ey Abdülmuttalib, Nezrini Yerine Getir

Soylu ve asil Abdülmuttalib muradına ermişti. Fakat verdiği sözü de henüz yerine getirmemişti.

Bir gece yatağına uzanmış yatıyordu. Rüyasında önüne heybetli bir adam dikildi ve gök gibi gürledi:

— Ey Abdülmuttalib! Muradına erdin. Artık nezrini yerine getir, verdiğin sözü tut!...

Abdülmuttalib yıldırım çarpmış gibi sarsıldı, dehşetler içinde uyandı ve hemen koştu.

Bir koç alıp derhal kesti. Etini fakir fukaraya dağıttı.

Akşam oldu. Yine yatağına uzanıp uykuya daldı. Ne var ki, aynı heybetli ses yine kulağının dibinde çınladı:

— O kurbandan daha büyüğü olmalı!...

Uyandı. Derin düşüncelere daldı, sabah olur olmaz bir sığır kurban etti.

Kurtuluş yok ki. Yine rüyasında ona seslendiler:

— Daha büyüğü, daha büyüğü!...

Yerinden sıçradı; koştu, bıçağa sarıldı. Bu defa da bir deve kesti.

Fakat yine ihtar:

— Olmaz, ey Abdülmuttalib!... Onun daha büyüğü!

Abdülmuttalib hayret ve dehşetle irkilip sordu:

— Daha büyüğü, daha büyüğü, diyorsunuz. Bundan büyüğü nedir?

Heybetli adam kelimelerin üstüne basa basa haykırdı:

— Oğullarından biri...

— Oğullarımdan biri mi?

— Evet!...

— Ama nasıl olur?

— Orasını sen düşün!... Vaktiyle ahdettin, nezrettin. Allah da sana on erkek evlât verdi. Şimdi onlardan birini kurban et!...

Abdülmuttalib esefle başını salladı:

— Vay talihsiz başım!...

Derdim Dağdan Büyük

Bu tecelliden Abdülmuttalib'in akıl kuşunun kanatları kırıldı. Ne yapmalıydı şimdi? Nezrini nasıl yerine getirmeliydi. Oğullarından hangisini fedâ edebilecekti?..

Evlât sevgisi bir başkaydı. Baba yüreği bu acıya dayanabilir miydi? Ne var ki, Allah'a söz vermişti.

Mülk onundu. Veren de o, alan da o idi.

Abdülmuttalib'i derin bir düşünce aldı. Gece gündüz durmadan düşünüyordu.

Yine bir geceydi. Gözlerine uyku girmemişti Abdülmuttalib'in. El ayak çekilip herkes derin uykuya dalınca o konağının bahçesine indi. Ay meş'alesinin altında geziniyordu.

Gökler ülkesinin bir başka güzelliği vardı bu gece. Yıldızlar konağının damını öpüyorlardı sanki.

Bütün bunlar yine teselli vermiyordu Abdülmuttalib'e. Gece boyunca hep düşündü. Seher vakti, kuşlar ve horozlar tatlı tatlı ötüşürken, Abdülmuttalib göğsünü yumruklayarak haykırdı:

— Buldum, buldum!...

Ağaçlar üzerinde yuva kurmuş yavru kuşlar bile Abdülmuttalib'in sesinden ürperdiler.

Abdülmuttalib'in yüzü gülüyordu.

Güneş ufuklardan başını gösterir göstermez oğullarına haber uçurdu.

Biri varıp on delikanlının kapılarını tek tek yumrukladı:

— Koşunuz, ey Abdülmuttalib oğulları, babanız sizi istiyor!...

Çocuklar soylu babalarını çok bekletmediler. On delikanlı şimdi konağın bahçesinde, babalarının karşısında yerlerini almışlardı.

İçlerinde en küçükleri ve en güzelleri de Abdullah'dı. Abdülmuttalib hepsinin hatırını tek tek sordu. Gözlerini Abdullah'ın gözlerine dikip bir müddet şefkatle baktı.

Abdullah'ın alnında sanki güneş nûru parıldıyordu. Ne kadar da güzel bir gençti. Altın gibi saçları, gümüş gibi bedeni, inci gibi dişleri vardı.

Bir gülümseyişine bin cihanı fedâ edilebilirdi.

O herkesin gözünde eşi bulunmaz bir güzeldi.

Sanki devrin Yûsuf'uydu. Mercan, sanki gülümseyen dudaklarıydı da dişleri de mercanın içindeki inciler.

İyiliği, mertliği, kahramanlığı bir başkaydı. Yüce Allah'tan korkup çekinmesi de en ileri derecedeydi.

Âdeta bütün Mekke'ye bir bayrak olmuştu. Bütün genç kızlar onun ışıklar saçan güzelliği karşısında gönüllerini kesivermişlerdi.

Abdülmuttalib şimdi derin derin bakıyordu.

Abdullah'ın alnında bir ülker yıldızı gibi pırıldayan nûra tekrar baktı, âdeta ciğeri parça parça oldu.

Ya kur'a Abdullah'a çıkarsa ne yapacaktı?

Birden gözleri bulut gibi yaşlar dökmeye başladı. Oğulları, babalarının bu hâline şaştılar:

— Ey babamız, dediler; bir derdin mi var?

Abdülmuttalib ne diyeceğini, söze nasıl başlayacağını bir türlü kestiremiyordu. Akıl kuşunun kanatları kırılmıştı, beyni donup kalmıştı.

Bir zaman yine sessizliğin çağlayanında yüzdü. Sonra Hazret-i İbrahim'in İsmail'i nasıl kurban etmek için çırpındığını düşündü. O İbrahim ki, kendisinin de ceddiydi. O İbrahim ki, Yüce Allah'a söz vermiş ve sözünde durarak ciğerparesi oğlunun boğazına bıçağı çalmıştı. Ne var ki, Rahman olan Allah, İbrahim'in imdadına yetişmiş, ona bir koç ihsan buyurmuştu. Kendisi de şimdi sözünde durmalı, oğullarından birini Allah için kurban etmeliydi.

Abdülmuttalib'in yüzü birden aydınlandı:

— Ey benim gözümün nûru oğullarım, dedi; sizi bu bahçede toplayışım sebepsiz değildir. Dağlardan daha ağır bir yükün altında ezilip duruyorum.

Oğulları merak etmişlerdi, sordular:

— Ey aziz babamız, seni bu türlü üzen dert nedir?

— İşte ben de onu arz etmek istiyorum, ey yavrularım!...

— Söyle o halde.

— Ben vaktiyle Allah'a ahdetmiştim. Eğer on oğlum olursa onlardan birini kurban edecektim. Şimdi ise adağımı yerine getirmem gerekiyor.

— Biz senin hükmüne karşı gelecek değiliz. Fakat seni bu işe zorlayan sebebi de öğrenmek istiyoruz...

Abdülmuttalib'in yüzünde ızdırab çizgileri gezindi. Çaresiz anlatacaktı.

— Ey gönül ağacımın tatlı meyveleri, dedi; vaktiyle ben yalnız bir adamdım. Yanımda kardeşiniz Hâris'ten başka yardımcım yoktu. Zemzem'i bulmam, o mübarek suyu meydana çıkarmam gerekiyordu. Ne ki, Kureyş beni incitti, yalnızlığımı, çaresizliğimi bana hatırlattı. Ben de Yüce Allah'a ahdettim ki, on oğlum olursa içlerinden birini sana kurban edeceğim. O Yüce Yaratıcı bana acıdı, sizi bana verdi.

Asil ve vakur oğullar hep bir ağızdan haykırdılar:

— Sen bizim babamızsın, hükmüne râzıyız. İçimizden kimi istersen kurban et.

Abdülmuttalib oturduğu yerden kalkıp kızgın kumlar üzerinde gezindi. Düşüncelere dalmıştı yine. Sonra birden sesini yükseltti:

— Ey yavrularım! Kalkın, her biriniz eline bir ok alsın ve üzerine ismini yazdırsın, bana gelsin!...

Oğullar kalktılar... On tane oğul. Abdülmuttalib arkalarından ıslak gözlerle bakıyordu.

Aradan bir müddet geçmişti ki herkes elinde bir ok babasının karşısına gelip durdu.

Abdülmuttalib, oğullarının bu soylu hareketinden gurur duymuştu. Şimdi tâ gözlerinin içi gülüyordu. Işıklar yanan gözlerini bir defa daha oğulları üzerinde gezdirdi ve ağır ağır konuştu:

— Veriniz bana oklarınızı!...

İsimler yazılı oklar Abdülmuttalib'e teslim edildi.

Abdülmuttalib okları alıp Kâbe'nin yolunu tuttu. Kıvrım kıvrım uzayan Mekke sokaklarında koşar adımlarla gidiyordu. Nihayet adımını Kâbe kapısından içeri attı.

Kalbi öyle şiddetle atıyordu ki, bir an durup nefes aldı. Heyecandan boğulacak gibi oluvermişti.

— Acaba, diyordu; kur'a kime çıkacak?

Birden Abdullah'ın güzel yüzü gözlerinin önünde billûrlaştı. Şayet kur'a Abdullah'a çıkarsa ne yapacaktı?

Düşündükçe beynine ateşten çiviler çakılıyordu. En iyisi hiç vakit geçirmeden okları atmaktı. Biraz ara verirse bu işi yapamayacağından korkuyordu.

Bütün metanetini toplayarak kur'a çekti ve isim düştü:

— Abdullah!...

Kur'a en küçük oğlu Abdullah'a düşmüştü. Abdülmuttalib tepeden tırnağa sarsıldı. Yaşlar yine gözlerine hücum etti. Başı döndü, gözleri karardı, dizinin bağı çözüldü ve olduğu yere çöktü.

Sanki gökler bütün öfkesiyle başına yıldırımlar yağdırıyordu. Bir zaman öylece kaldı. Sonra yerinden usul usul kalktı ve yürüdü. Bacakları vücudunu taşımaz olmuştu. Nihayet konağının kapısına varıp tıkırdattı:

— Tık, tık, tıkk!...

Hâle bakınız ki, kapıyı açan da Abdullah olmuştu. Güzel Abdullah, konağın kapısında nûrdan bir âbide gibi duruyor ve babasına gülümsüyordu.

Abdülmuttalib ıslak gözlerini Abdullah'ın bakışlarından saklamak istedi, fakat beceremedi, göz ırmağı çağlamaya başlamıştı bir defa.

Abdullah heyecanla sordu:

— Ey benim babam, seni ağlatan nedir?

Abdülmuttalib cevap verdi:

— Sensin, ey güzeller güzeli oğlum!

Abdullah yaralı bir ceylân gibi çırpındı:

— Ben miyim, ey babam?

— Evet.

— Anlayamadım.

— Mesele şu ki kur'a sana düştü. Seni kurban etmem gerekiyor, ey gözümün nûru!...

Kanının her zerresinden asalet fışkıran Abdullah şevkle haykırdı:

— O halde hiç vakit kaybetme. Ben her zaman senin hükmüne boyun eğenlerden oldum!...

Abdülmuttalib kollarını açıp Abdullah'ı kucakladı. Nûrlar ve ışıklar saçan alnını defalarca öptü. Hıçkırıklar boğazında düğüm düğüm olmuştu. Bu hıçkırıkların akisleri konağın içine dalga dalga yayıldı. Abdülmuttalib'in diğer oğulları da koşa koşa geldiler. Babalarını, Abdullah'ın boynuna sarılmış görünce işi anladılar.

İlâhî tecelliye bakınız ki, kurban olmak Peygamber Babası Abdullah'a kalıyordu.

Bu haber dalga dalga Mekke ufuklarına çarptı. Herkes güzel Abdullah'ın akıbetine ağlıyordu.

Âmine de bu müthiş haberi duyanlar arasındaydı. Kara gözleri birden pınar pınar akmaya başladı. Hemen babasına koştu ve dedi:

— Olanlardan haberin var mı, ey babam?

Veheb'in henüz bir şey bildiği yoktu. Âmine'nin yüzüne hayretle baktı:

— Ne olmuş, bir tanem?

Âmine çırpınan bir alev gibi kıvrım kıvrım büküldü:

— Abdullah kurban ediliyormuş!...

Veheb yerinden sıçradı. Duyduğu haber beynine bir yıldırım gibi inmişti. Şaşkınlıkla haykırdı:

— Olamaz!...

— Olmaması lâzım. Ne var ki, o ulu kişi bizim gibi düşünmüyor!

— Ben hemen gidip bakayım. Sen üzülme tatlı kızım!...

Veheb rüzgâr rüzgâr uçarak Mekke sokaklarında ilerliyordu. Ne canlar yakan güneş, ne de ayaklarını kanatan sivri taşlar umurundaydı.

Abdülmuttalib, eline bir bıçak aldı. Ay yüzlü Abdullah'ı bileğinden yakaladı. Ve keseceği yere doğru çekti.

Abdullah kaderine râzı idi. Hiçbir itiraz sesi yükselmiyordu içinden. Abdülmuttalib de işini çabuk bitirmek istiyordu. Kollarını sıvayıp hazırlandı.

O an etrafının Kureyş ulularıyle sarıldığını görmekte gecikmedi. Gelmişler, başucuna durmuşlar, hayretli gözlerle ona bakıyorlardı. İlkin Abdülmuttalib hiç oralı olmadı. İşine koyuldu ve Abdullah'a hitab etti:

— Şuraya uzan tatlı oğlum!...

Abdullah kurban edileceği yere uzanmaya hazırlanıyordu ki, göklere yükselen seslerle ürperdi. Kureyş uluları itiraz ediyorlardı:

— Olmaz, yâ Abdülmuttalib, olmaz!

Abdülmuttalib başını kaldırıp sordu:

— Neden olmasın? Pek âlâ olur!...

Avaz avaz bağırdılar:

— Ey Abdülmuttalib! Biz senin oğlunu bu tarzda boğazlamana aslâ râzı değiliz!...

Abdülmuttalib öfkelendi:

— Oğul benim değil mi?

— Elbet senin!...

— O halde size ne oluyor?

— Şu oluyor, yâ Abdülmuttalib! Aramızda evlâd kurban etmek âdeti yerleşir ve önüne gelen, oğlunu nezreder ve Kâbe'ye getirip tıpkı senin gibi kurban etmeye kalkar. Sen Rabbinden başka bir yol iste, başka bir çâre ara ve onu râzı etmeye çalış!...

Abdülmuttalib durup bir an düşündü, sonra sordu:

— Nasıl bir yol?

Cevap verdiler:

— Duyduğumuza göre Hayber kalesinde yaman bir yahûdi karısı varmış, adı Kutbe'ymiş, bir acayip kâhineymiş. Ona git, sana bir çıkış yolu göstersin, sen de bu sevdadan kurtulursun!...

Abdülmuttalib'in yüreği zaten yanıyordu. Abdullah'ı boğazlamak ona bir azaptı. Belki bir çâre bulunabilirdi, başını kaldırıp ufuklara baktı, sonra gözlerini Kureyş ulularının üzerinde gezdirip mırıldandı:

— Hiç fena fikir değil!...

Şimdilik güzel Abdullah kurban edilmekten kurtulmuştu. Ama şimdilikti. Bakalım zaman ne gösterecekti.

Cehalet devrinin Arapları, müşkül bir işleri olduğu zaman hemen bir kâhine giderler ve ona danışırlardı.

Aynı şeyi Abdülmuttalib'e de tavsiye ettiler. Abdülmuttalib bu defa onları dinledi:

— Peki, dedi; o kâhine gideceğim!...

Hiç vakit geçirmedi. Yanına yakınlarından birkaç kişi alıp Hayber'in yolunu tuttu.

Uçsuz bucaksız çöl denizinde ve kızgın güneş altında Hayber istikâmetinde giden küçük bir yolcu kafilesi.

Bin zahmetle Hayber kapısına kadar varıp dayandılar. Hayber, yahûdilerin yumak yumak kümelendiği bir kale. Kapısında demir kuşaklı nöbetçiler; Abdülmuttalib devesinden inip nöbetçiye sokuldu:

— Mekke'den geliyoruz! Ben o kavmin ulusuyum, burada bir kâhine varmış onu görmek için geldim. Müsaade var mı?

Nöbetçi, Abdülmuttalib'e yol verdi. Abdülmuttalib kâhinenin evini bulmakta güçlük çekmedi. Kâhinenin evi kale kapısının hemen yakınındaydı. Varıp kapının halkasını tuttu ve peş peşe üç defa vurdu:

— Tak, tak, takkk!...

İçeriden korkunç bir ses aksetti:

— Kim o?

Abdülmuttalib kendisini tanıttı ve görüşmek istediğini bildirdi. Kapı büyük bir gıcırtı ile açıldı.

Kapıda bir acûze kazma dişlerini gösteren bir sırıtışla durdu ve dedi:

— İçeri buyurun!...

Abdülmuttalib, yorgun ve bitkindi. Ağır adımlarla içeri girdi ve olanları tane tane anlattı.

Acûzenin gözleri yuvalarının içinde fır fır döndü. Yüzünün derisi buruş buruş oldu, başını iki elinin arasına alıp derin düşüncelere daldı.

Abdülmuttalib göz ucu ile onu süzüyordu. Hareketlerinden mânâlar çıkarmak istiyordu. Ne ki, bir mânâ elde edememişti. Nihayet sordu:

— Bize bir yol, bir çâre var mı?

Acûze, sırıta sırıta güldü:

— Elbette var!...

Abdülmuttalib sevinç ve saâdetle atıldı:

— Nasıl?

Kâhine kadın bir başka soru ile cevap verdi:

— Kureyş âdetince bir adamın diyeti nedir?

— On deve!...

— Güzel!...

— Güzel olan ne?

— Güzel olan şu ki: Şimdi gidin, on deve alıp Abdullah ile develer arasında kur'a çekin!...

— Yine bir şey anlamadım, ey kâhine!...

— Sözümü henüz bitirmedim ki...

— O halde çabuk bitir ve işi tatlıya bağla.

— Dediğim gibi, Abdullah ile develer arasında kur'a çekin!... Kur'a develere düşerse ne âlâ; düşmezse on deve daha ekleyin ve yine kur'a çekin. Kur'a develere düşünceye dek her defa onar onar develeri fazlalaştırın!... Kur'a develere düşünce de hepsini birden kurban edip bu dâvanın içinden çıkın. Kur'a develere düştü mü Rabbimiz râzı olmuş demektir.

Abdülmuttalib derin bir nefes aldı:

— Gerçekten güzel bir fikir!...

Ve hemen Hayber'den ayrıldı. Artık kanatlı bir kuş gibi uçuyordu çöllerde. Sanki yakan, eriten, bitiren, kavuran çöller bu çöller değildi. Şimdi kendisini billûr ırmakların çağladığı, bülbüllerin şakıdığı, kuşların öttüğü bir bahçede zannediyordu.

Abdülmuttalib, rüzgâr önünde uçan yapraklar gibi çöllerde uçtu ve sevinç içinde Mekke'ye geldi.

Bir nefes olsun vakit geçirmeden yahûdi karısının dediklerini harfi harfine yerine getirdi.

Bir tarafta develer, bir tarafta Abdullah.

Kur'a çekmeye başladı.

Her on devede bir kur'a. İşe bakınız ki her defasında kur'a yine Abdullah'a düşüyordu.

Bu tecelliden herkes hayretteydi. Yine herkesin gözü Abdülmuttalib ile Abdullah'ın üzerindeydi. Bu haber yine Mekke'yi dalga dalga tuttu. Tabiî ki Âmine de duymuştu. Nar çiçeğine benzeyen yüzünde şimdi tatlı bir gülümseyiş vardı.

Konaklarının bahçesine inmiş, hurma ağaçlarından birinin gölgesine oturmuş neticeyi sabırsızlıkla bekliyordu. Babası Veheb çoktan Abdülmuttalib'in yanına koşmuştu.

Peygamber dedesi Abdülmuttalib durmadan kur'a çekiyordu. Nihayet onuncu tecrübe ve yüzüncü devede kur'a develere isabet etti. Ay yüzlü Abdullah kurtulmuştu.

Mekke'den göklere doğru bir çığlık yükseldi:

— Abdullah kurtuldu, Abdullah kurtuldu!...

Veheb koşa koşa bu müjdeyi kızına ulaştırdı. Âmine kara gözlü ceylânlar gibi kumlar üzerinde zıpladı. Kumlar üzerinde secdeye kapandı:

— Şükür, Rabbim, dedi; Abdullah'ı bize bağışladın!...

Bu Ne Çetin Bir İmtihan?

Kureyş'in ulusu ve Peygamber Dedesi Abdülmuttalib, yüz deveyi birden kurban etti. Günlerce insan, kuş, yırtıcı hayvan, develeri yiye yiye bitiremedi.

İmtihan çemberini delip geçen Abdullah, bir başka hisle dolup taştı. Şimdi rüyada gezer gibi bir hâlde.

Bu tecelliden mânâlar süzmeye çalışmakta. Hazret-i İsmail'in başına gelen hâl, ayniyle onun başına da gelmiş bulunmakta.

Yüceler yücesi olan Allah, kulu ve Peygamberi Hazret-i İbrahim'den de oğlunu kurban etmesini istemişti. Abdülmuttalib'den de aynı istek. Ve Hak dostu İbrahim'in soyundan gelen Abdülmuttalib tıpkı ceddi İbrahim gibi göz nûru ve gönül sürûru oğlunu kurban ediverecekti.

Rahman olan Allah'ın hikmetine bakınız ki, asırlar ve devirler geçtikten sonra bu tertemiz sülâleden bir başka baba imtihana tâbi tutuluyordu.

Bu ne çetin bir imtihandı.

Baba için de, evlât için de müthiş bir şey.

Hazret-i İsmail, Peygamber babasının önünde nasıl boyun kırmışsa, güzel Abdullah da aynı itaati göstermişti. Bu teslimiyetinin mükâfatını görmekte gecikmeyecekti elbet.

Nitekim bütün ümitlerin bittiği anda görünmez ufuklardan bir kurtuluş rüzgârı esmiş ve Abdullah kurban edilmekten kurtulmuştu.

Bunun içindir ki Kâinatın Efendisi:

— **Ben iki kurbanlığın oğluyum!...** buyurmuşlardır.

Abdülmuttalib'in gönlündeki fırtına dinmiş, acıları son bulmuş, muradına ermiştir. Şimdi yüzünde elmaslar nokta nokta oynaşmaktadır. Gözlerini Abdullah'ın parıldayan yüzüne dikmiş derin derin bakmaktadır.

O Abdullah ki, derinlerin derini, güzellerin güzeli.

O Abdullah ki, seher vakti güller üzerinde pırıldayan şebnem damlaları kadar duru ve temiz.

O Abdullah ki, güzellik göğünün güneşi gibi pâk ve sade.

O Abdullah ki, Muhammedî nûru alnında taşıyan asîl ve soylu bir genç.

O Abdullah ki, onun gönlü elmas renkli incilerle dopdolu.

O Abdullah ki, güzellikte ve güzel huyda kimse onun kolunu bükemez.

Abdülmuttalib, bu eşi bulunmaz inciye coşkun bir muhabbetle bakıp duruyordu. Kim bilir neler düşünüyordu.

Birden doğruldu:

— Yavrucuğum, dedi; düş peşime gidiyoruz!...

Abdullah hiç itiraz etmedi. Hemen babasının arkasına takıldı, yola revan oldular.

Babasıyla beraber kurban yerinden dönüyorlardı. 100 deve kurban edilmiş, buna mukabil kendisi kurtulmuştu.

Allah'ın lütuf ve ihsanını düşünerek adımlarını atıyordu. O kadar derin düşüncelere dalmıştı ki, babasından ayrı düştü ve yol Kâbe civarında Benî Esed kabilesine çıkardı onu.

Bu da ne?

Yolu üstünde genç bir kadın. Hafifçe bir duvara yaslanmış ve gözlerini Abdullah'a dikmiş, derin derin, mânâlı mânalı bakıyor.

Bu güzellik, bu nûr, bu eşsiz inci kimi büyülemez ki...

Genç kadın, Abdullah'ın güzelliğini görünce çarpılır gibi oldu ve alnındaki nûra bakarak için için çağladı:

— Bugün kurban ettiğiniz yüz deveyi ben sana versem de sen de benimle biraz kalsan, ne dersin?

Ay yüzlü Abdullah bu sözden iğrendi ve sesini yükseltti:

— Olmaz, derim!...

Genç kadının gözleri hâlâ Abdullah'ın alnındaki ışık saçan nûrda. Büyülenmiş gibi bakıyor. Abdullah yoluna devam etmek istedi. Ne var ki, kadın ileri atılıp yoluna durdu ve dedi:

— Sen niçin herkes gibi değilsin? Bu teklif karşısında kim olsa dayanamaz ve benimle olurdu.

Abdullah haykırdı:

— Â kadın! O halde seninle olacakların yolunu kes!...

— Yok, yok!... Benim muradım sensin!...

— Ben kimsenin fenalığını istemem.

— Bunda ne fenalık olur ki?

— Teklif ettiğin şey namuslu insanların yapacağı işlerden değil. Sen git dengini ara.

Kadın çırpına çırpına yine atıldı:

— Ey eşi bulunmaz güzel, yanımda bir lâhza kal ve benimle ol. Bütün muradım bu!...

— Kötü bir muradın var senin, â kadın!... Çekil yolumdan ve benden uzak ol!...

Kadın ak çiçekli bir söğüt dalı gibi titredi:

— Âh, dedi; kendini sen de bilmiyorsun!...

Abdullah başını bir arslan gibi kaldırdı, alevler saçan gözlerini son defa genç kadının gözlerine dikip şu mısraları okudu:

"Harama gelince; ölüm onun biraz aşağısındadır.

(Yâni: Harama düşmektense ölmek evlâdır.)

(O halde şu meydana çıkmıştır ki:) **benim helâl olarak gördüğüm** (mutlaka) **helâldir.** (Sen git) **dengini ara. Senin istediğin iş nasıl olabilir? Kerîm kişi ırzını ve dinini korur!"**

Ve Abdullah sinirli adımlarla yürüyüp gitti. Kadının göz pınarlarından iki damla yaş düştü.

Kadının mahzun bakışları bir zaman Abdullah'ı takib etti. Abdullah bir sis gibi gözden kayboldu.

Veheb'in Konağına Varan Yol

Ay yüzlü Abdullah nefes nefese babasının ardından yetişti. Abdülmuttalib Mekke sokaklarında ilerliyordu. Peşinden Abdullah'ın geldiğini görünce yüzü aydınlandı:

— Ey oğlum, dedi; nerede kaldın?

Abdullah'ın yüzü benek benek oldu, kelimeler boğazında düğümlendi; Geciktim, diyebildi.

Abdülmuttalib daha üstelemedi.

Şimdi peş peşe gidiyorlardı. İşte Zühreoğullarının konağı ileride bir billûr gibi parlıyordu.

Abdülmuttalib ve Abdullah hiç konuşmadan konağın kapısına kadar vardılar. Abdülmuttalib kapıya yanaşıp tıkırdattı:

— Tık, tık, tıkkk!...

İçeriden Veheb'in sesi duyuldu:

— Kim o?

Abdülmuttalib cevap verdi:

— Ben geldim, ey Veheb!...

Veheb sesin sahibini hemen tanımıştı. Koşup kapıyı açtı ve bir su gibi çağladı:

— Buyurunuz, hoş geldiniz!...

Abdülmuttalib önde, Abdullah arkada konak kapısından içeri adımlarını attılar.

Veheb, soy ve şeref bakımından Benî Zühre kolunun en üstünü ve büyüğü idi. Asiller çevresi Kureyş'in soy ve faziletçe en üstünü olan Âmine de işte bu konakta şanlı bir inci gibi ışıklar saçıyordu.

Veheb, şanlı misafirlerine izzet ve ikramda bulundu. Abdülmuttalib evin en üst köşesine oturtulmuştu. Abdullah başı önde hiç konuşmadan duruyordu.

Saatler boyu tatlı bir muhabbet.

Bu arada Âmine sevincinden ve saâdetinden uçuyordu. Sanki kulağına nazlı haber kuşları bir şeyler fısıldıyordu. Konaklarının bahçesindeki hurma ağacının dalları da cıvıldayan serçe kuşlariyle dolmuştu.

Bugün bir başka gündü.

Âmine, konağın içinde eteklerini savura savura uçarken Abdülmuttalib de asıl mevzuya girmişti; şöyle başladı:

— Ey Veheb! Bugün niçin buraya geldim biliyor musun?

Veheb:

— Şeref verdiniz, dedi; hele Abdullah'ı burada görmekten çok memnunuz!

— Asıl memnun olacağın bir başka haber duymak ister misin?

— Elbet!...

— O halde dinle! Ben, kızınız **Âmine**'yi **Abdullah**'a istemeye geldim. Ne dersin, ey Veheb?

— Böyle bir gence kız vermek insana ancak şeref kazandırır.

— Öyleyse anlaştık.

— Allah'ın izniyle.

— Nikâhlarını hemen kıymak istiyorum. Siz de münasip görür müsünüz?

- Evet!...

Hemen oracıkta Hazret-i Âmine ile Hazret-i Abdullah'ın nikâhları kıyıldı.

Abdülmuttalib sevinç ve saâdetle iki genci birleştirdi.

Kureyş asillerinin âdet ve geleneğine göre Hazret-i Abdullah, nikâhlısının evinde gerdeğe girdi ve üç gün Veheb'in konağında kaldı. Böylece Nûr-i Cihan'a sadef olmak saâdeti Hazret-i Âmine Hatun'a mukadder ve müyesser oldu.

Âmine Hatun, Kâinatın biricik yaradılış sebebi ve Allah'ın Sevgilisi Cenâb-ı Muhammed'e (Sallallahü Aleyhi ve Selleme) hâmile.

Âmine ile Abdullah'ın nikahları kıyıldığında 570. yılın yarısı olmuştu. Abdullah da 24 yaşında pırıl pırıl bir gençti.

Haber dalga dalga Mekke ufuklarını tuttu.

Sevinçler ve kederler birbirine karıştı.

Hazret-i Abdullah'ın yakınları seviniyorlardı. Mekke'nin genç kızları ise gam pençesine düşmüşlerdi. Abdullah gibi eşi bulunmaz bir gençle evlenmek fırsatı artık, tamamiyle kaçmıştı.

Hazret-i Abdullah ile Hazret-i Âmine'nin mübarek izdivaçlarından Allah'ın Sevgilisi, iki cihanın saâdet güneşi dünyaya gelecektir. Ve karanlık dünya artık hakikat güneşine kavuşacaktır.

Muhammedî Nur Yer Değiştiriyor

Nebiler Sultanının muhterem pederleri, haseb ve neseb sahibi şerefli, faziletli, kerim, alicenab bir zat olduğu gibi, gözleri kamaştıran bir güzelliğe de mâlik idi. Yüce Allah tarafından alınlarına Muhammedî nûr nakşedilmişti. İşte bu sebepledir ki, her genç kızın gönül kuşu onun için kanat çırpıyordu.

Peygamber babası Hazret-i Abdullah, Benî Esed güzelini mahzun bırakarak Veheb'in konağının yolunu tutmuştu. Ne var ki, o kadın Abdullah'ın alnındaki parıltıyı hiç unutamıyordu. Abdullah'ı gözlemeye karar verdi ve Veheb'in konağının karşısında bir yere gizlendi.

Üç gün boyunca Hazret-i Abdullah ile Âmine Hatun'un kapısını gözetledi.

Gönlünde ufak da olsa bir ümit ışığı vardı. O nûr, Abdullah'ın alnında yine ışıklar saçarak duruyorsa, Abdullah'a başka teklifler yapacaktı.

Bekliyor, bekliyor, bekliyordu!...

Üç gün, üç gece bekledi.

Bu zaman sanki asırlar kadar uzun geldi ona. Nihayet üçüncü gecenin sabahı oldu. Güneş, ufuklar ötesinden başını gösterdi ve bütün dünya aydınlandı.

Güneşin doğmasiyle beraber Hazret-i Âmine'nin kapısı da açıldı. Ay yüzlü Abdullah kapıda göründü. Benî Esed güzeli gözlerini dört açıp dikkatle Abdullah'ı süzdü.

O nûr, o gönülleri dağlayan ışıktan eser yoktu Hz. Abdullah'ın alnında. Demek ki Âmine muradına ermiş. Âmine o eşsiz inciyi elde etmişti.

Genç kadın göğsüne bir yumruk indirdi:

— Eyvah, dedi; keder şişine kebap olacağım!...

Ve başını alıp sokaklara daldı. Hem gidiyor, hem de hıçkıra hıçkıra ağlıyordu.

Aradan günler geçti. Soylu ve vakur Abdullah bir gün sokak ortasında Benî Esed güzeli ile yine göz göze geldi.

Hayret!...

Bu defa genç kadının hiç oralı olduğu yok. Hissiz ve donuk.

Hazret-i Abdullah gülümsedi:

— Niye o günkü gibi değilsin? Yoksa sen de mi haramdan korkar oldun?

Benî Esed güzeli cevap verdi:

— Â güzel huylu adam! Sen herkesi kendin gibi sanıyorsun. O gün başka idi. Şimdi bir başka.

— Peki, hâlin niçin değişti?

— İşte ben de onu anlatmak istiyorum ya!

— O halde anlat, ne duruyorsun?

— O gün alnında esrarlı bir nûr vardı. Ülker yıldızına benziyordu. Kendimden geçmiştim. Şimdi o nûru yerinde göremiyorum. Âmine'nin bahtı ne açıkmış ki o çağlayan ışığı senden süzüp aldı.

Gerçekten de öyle olmuştu.

Abdullah'ın alnındaki Muhammedî nûr, annelerin en şereflisi olan Âmine Hatun'a geçmişti.

Yeryüzünde annelerin en büyüğü, en munisi ve en güzeli Âmine şimdi ne kadar sevinse hakkı idi.

O Âmine ki, âlemde hiçbir kadın onun kadar şerefli bir evlâd dünyaya getirmedi.

O Âmine ki, Nûr-u Cihanın biricik annesi. Asiller çevresi Kureyş'in soy ve faziletçe en üstünü.

O Âmine ki, eşi bulunmaz bir kudret incisi.

Ondaki hayâ, ondaki edeb, ondaki ahlâk hiç kimselere nasib olmamıştı. Onun eşsiz güzelliği gönül vadilerine inciler yağdıracak derecede idi.

O Âmine ki, sanki cennet ufkundan dünya bahçesine indirilmiş bir gonca idi.

O derece pâk, o derece güzel, o derece derin ve o nisbette nûrlu idi.

Kâinatın Efendisine anne olmak elbette faziletlerinin en büyüğü idi. Hazret-i Âmine, o derece munis, muti ve sabırlı idi ki bütün kendini kıskananlara karşı metanetini muhafaza ediyordu.

Mekke ve Kureyş'in genç kızları üzüntü şişinde kebap oluyorlardı. Onu öyle kıskanıyorlardı ki, üzüntülerini şiirle mısra mısra haykırıyorlardı. Ne var ki, o büyük anne, Kureyş'in soylu kızlarının bu hallerine sadece tebessümle karşılık veriyordu.

Kureyş kızları gönüllerine saplanan hicran okunun acısını ancak böyle unutmak istiyorlardı. Ve durmadan şiirler söylüyorlardı. Onlardan biri şöyle diyordu:

"Ben, onun yüzünde hayrın parlaklığını gördüm!

Onun ziyasiyle, parlamasiyle, yağmur yağdıran siyah bulutlar parladı.

Ben, gözucuyla ona baktığım zaman, bu nûrun onu ve çevresindekileri dolunayın aydınlattığı gibi aydınlatmakta olduğunu gördüm!

Ben, onu elde etmekle her zaman övünebileceğim bir şeref kazanmak istemiştim!...

Fakat, her çakmak taşını çakan, ateş çıkaramaz ki!

Zühreoğulları kızı Âmine'nin elde ettiği hayır ve saâdet, tarif edilemiyecek kadar büyüktür.

Fakat o, senden soyup aldığı hayrın ne olduğunu bilmiyor ki!...

Umeyne'nin, Hâşimoğullarından nûru ve aydınlığı çekip alması,

Fitillerin, kandilin yağını çekmesine benzer.

Gecenin elde ettiği her kıymetli şey, bir azîm mahsûlü olmadığı gibi,

Her kaybettiği de bir zaaf eseri değildir.

Sen bir şey taleb ettiğin vakit

Usûlü dairesinde güzelce hareket et.

Seni, ya uyuşup buruşmuş olan el

Yahut parmak uçlariyle birlikte açılmış olan el, ona kavuşturur!...

Umeyne, ondan nûru çekip almakla, öyle bir şeref kazandı ki, onun bir benzeri daha yoktur!"

Dünyanın En Mutlu Çifti

Kureyş kızları elbette Âmine Hatun'a gıpta etmekte haklıydılar. Çünkü Âmine Hatun'un başına saâdet tacı konmuş ve Allah'ın Resulüne **"Anne"** olma şerefini elde etmişti.

Annelerin en azizi Muhammedî nûrla pırıl pırıldı.

Sanki güzel Cennetin bahçelerinde açılan bir çiçekti. Üzerine mavilik cenneti semadan deste deste nûrlar iniyordu.

Abdullah ile öyle güzel anlaşıyorlardı ki, âlemde böyle bir saâdet yuvası kurulmamıştı.

Ne kadar sevinçli ve ne kadar mes'uttular.

Gönüllerinden nûr ırmakları çağlıyordu. Kâinatın Efendisine anne ve baba olmak saâdetinden henüz haberleri bile yoktu. Ne var ki, âlemlerin Rabbi hükmetmişti.

O bir şeye **"Ol!"** deyince, hemen oluverirdi.

İşte bu hususta da hükmünü vermişti.

Selh bin Abdullah Tüsteri nakli:

— Aziz ve Celîl olan Allah, Resulünü, annesinin rahminde yaratmak dilediği gece emretti; Cennet kapılarım açtılar ve bir münâdi yerlerde ve göklerde haykırdı:

— Bilin ki, **Muhammedî nûr** bu gece annesinin rahminde karar kıldı. Yaradılışı böylece tamamlanıp dünyaya gelecek ve hem müjdeleyici, hem de korkutucu olacak.

Sahabilerden Ka'bü'l-Ahbâr nakli:

— O gece göklerde ve yerde nidâ ettiler: Allah Resulünün yaratıldığı nûr, bu gece Âmine'nin rahminde yerini buldu. Ve ne güzel hâl oldu Âmine'ye.

Evet, ne güzel hâl olmuştu nûr hazinesi, irfan menbaı, edeb, iffet ve hayâ mâdeni Âmine'ye.

Günler bir su gibi yine akıp gidiyordu.

Bu arada insanların azgınlığı da günden güne artıyordu. Bütün insanlığın cehalet damarı kabarmıştı. Putçuluk ve çapulculuk başa güreşiyordu. Gözler sanki kan sızan bir pencereydi.

O kadar kör bir hâle gelmişlerdi ki, yerde ve gökte ansızın parıldayıp sönen ışıkların farkına varamıyorlardı.

Halbuki yerde ve gökte ve bütün eşyada tatlı bir titreşim vardı. Her şey kendi hâl diliyle sevincini dışa vuruyordu. Gelecek Peygamberin müjdesini haykırıyorlardı.

Seher vakti bir bülbül gülün kulağına eğilmiş fısıldıyordu:

— Sevin ey nazlı gülüm! Misk kokular saçan Hazret-i Muhammed (s.a.v.) geliyor!

Gül, gonca dudaklarını kıpırdatarak cevap veriyordu:

— Ey yanık bülbül! Benim böyle açılıp saçılmam onun aşkındandır. Benim özümdeki koku, onun ırmağından çağlamaktadır. O olmasaydı, ne sen böyle aşk ile gönülleri delerdin, ne de ben dikenli dallar içinde bu kadar saâdetle açılırdım.

Bir uyanık gönül yoktu ki, gül ile bülbülün konuşmasını duyabilsin. Dünyanın kara dereleri bulanık sularla doluydu. Öyle belâlı bir devir ki, nasıl anlatsam?

Kelimelerin cılız omuzu bu yükü taşıyamaz ki. O halde şu şiirin esrarlı kanatlarına binip tarih dedenin peşinden koşalım:

İşte O'ndan önceki zaman...

O ki, belâlı devir,
Hayat, zehir mi zehir.

Yüzü siyah bir dünya,
Irmakları kan ve kir!...

Gelinlik kız toprakta,
Sırtlan, babaya esir!...

Çölün canavar ağzı,
İnsan yutuyor bir bir!...

Mekke'nin sırtında put,
Ve yığın yığın kâfir!...

Bulutlar kara kara,
Güneş, gökte misafir!...

Ve haşmetli bir azâb,
İniyor zehir zehir!...

Kalblere kan oturmuş,
Temizleyemez nehir!...

Dudaklar hep kilitli,
Diyemiyor: Allah bir!...

Dünya yüzü kapkara,
Nedir, Allah'ım, nedir?

Putların saltanatı,
Hükümrân bir süredir!...

Topraktan tüten acı,
Gölge gölge yükselir!...

Bütün varlıklar ölgün,
Ne gün, ne gün, can gelir?

Bir damla gözyaşı yok.
Bir damla azîz fikir!

İnsan denilen varlık,
Çerçöpten tenekedir!...

Bekleme bir aydınlık,
Hep gecedir, gecedir!...

Kafalar mermerden sert,
Akıl ise cücedir!...

Putların kara ismi,
Dillerde bir hecedir!...

Hayata bakan gözler,
Kan sızan penceredir!...

Nefis timsahı doymaz,
Çöl, susuz tenceredir!...

Beyinler yırtık pırtık,
Zaman ki bilmecedir!...

Yok, tek ışık, tek nokta,
Su kurumuş olukta!...

Güneşi tutmuş çamur,
Işık vermiyor o nûr!...

Tırmık tırmık bir acı,
Bu ne çekilmez sancı!...

Akrep dişli bir zaman,
Pınarlar, ırmaklar, kan!...

Anne ki kız doğurur,
Babanın beyninde ur!...

Nasıl bir vahşet çağı,
Tutmuş köşe bucağı!...

Duraksız itiş kakış,
Baharı olmayan kış!...

Beşer bilmez Allah'ı,
Bu yüzden dinmez âhı!...

O dem ki: İşte işte,
Kâinat bekleyişte!...

Ebed Yolculuğu

Şanlı inci Âmine Hatun ile güzeller güzeli Abdullah'ın evlenmelerinin üzerinden iki ay ancak geçmişti. Bu kısa günler içinde birbirlerine daha da candan bağlanmışlardı.

Hazret-i Âmine gönül gönül çağlayarak efendisinin hizmetine koşuyordu. O kadar sevinçli, o kadar saâdetle dolu idi ki, iki ayın ne çabuk geçtiğini bile anlayamadı.

Bir gün, Abdülmuttalib gelip oğlunu karşısına aldı ve dedi:

— Ey Mekke'nin övüncü! Senin ticaret maksadiyle Şam'a gitmeni istiyorum, ne dersin?

Abdullah ne diyebilirdi ki... Boynunu bile bıçağa uzatmış, babasına karşı gelmemişti. Şimdi mi karşı gelsindi. Boynunu büküp usul usul mırıldandı:

— Emriniz başım üstüne, ey benim babam!...

Abdülmuttalib'in yüzünde ışıklar oynaştı. Gözlerini Abdullah'ın gözlerine dikip:

— O hâlde, dedi; hemen hazır ol!...

Abdullah zaten hazırdı. Yalnız gönlünü kanatan bir acı vardı ki, o da Âmine'den ayrılmak idi. Çaresiz ayrılacaktı. Mekke erkeklerinin kaderiydi bu.

Mekke erkeklerinin hemen hepsi ticaret maksadiyle başka diyarlara giderlerdi. Aylar geçerdi de gidenlerden haber alınamazdı. Çöllerin canavar ağzı nice yiğitlerin başını bu yolda yemişti. Nice selvi boylu delikanlılar boylu boyunca toprağa uzanmışlardı.

Abdullah daha fazla düşünmek istemiyordu. Çabucak hazırlandı. Kervan da hareket etmek üzereydi.

Bütün Mekke halkı toplanmış yakınlarını uğurluyordu. Abdullah ile Âmîne Hatun'un ayrılışları hazin oldu. Abdullah, gözyaşı incilerini eteklerine döken Âmine'ye:

— Ey Âmine, dedi; seni hiç unutmayacağım! Fakat yaşlı gözlerle hatırlamak istemiyorum. Gözlerinin yaşını sil de sana öyle veda edeyim!...

Hazret-i Âmine, iplik iplik akan gözyaşlarını sildi ve dedi:

— Ben de seni unutmayacağım, ey Abdullah! Ne var ki, gam şişine kebap olmaktan korkarım!...

Abdullah, sevgi ve şefkatle son defa baktı Âmine'nin ay yüzüne. Bu yüzde şimdi keder çizgilerinin izleri belirmişti.

Kervan ağır ağır hareket etti. Abdullah da peşlerinden koştu ve gözden kayboldu.

Âmine, konağının balkonuna çıkıp saatlerce efendisinin ardından baktı. Ne ki, artık o hayat dolu güzel Abdullah yoktu. Onun yokluğuna nasıl dayanacaktı?!..

Abdullah ise hem gidiyor, hem de Âmine'yi düşünüyordu.

Yollar, yollar!...

Bu çileli yollar bir türlü bitmek bilmiyordu ki.

Gökte fıkırdayan güneş, yerde alevler saçan kumlar ve uçsuz bucaksız çöl.

Yakan, kavuran, eriten, bitiren sıcak altında bin zahmetle Şam'a vasıl oldular. Ve alacaklarını alıp tekrar Mekke istikâmetinde yola koyuldular. Hâle bakınız ki, yolun biri bitmiş, biri yeniden başlamıştı. Zaten ömür biter yol bitmezdi.

Bu çileler ormanında geçen yolculuk. Derken Peygamber babası Abdullah'ın can bahçesinde esen ecel rüzgârı.

Geri dönüşte Abdullah Medine'de amansız bir hastalığa yakalandı. Ve orada dayılarının yanında ölüm yatağına uzandı.

Neccaroğullarının hanesinde ecelle pençeleşti ve nihayet son damla hâlinde eriyip gitti.

İlâhî hikmete bakınız ki, anne iki aylık hamile iken, Peygamber babası genç ve güzel Abdullah ecel şerbetini içivermişti. Daha henüz Allah'ın Resulü, nihayetsiz olan mülkün Seyyidi dünyaya teşrif etmeden babadan yetim kalıyordu.

Yol arkadaşları onu Medine'de bırakıp Mekke'ye döndüler. Ufuktan kervan görünür görünmez Mekke halkı sokaklara döküldü. Herkes sevinç ve saâdetle yakınlarını karşılamaya gidiyordu.

Kervanın geliş haberi dalga dalga Mekke'yi tuttu. Peygamber dedesi Abdülmuttalib yerinden bir ok gibi fırlayıp koştu. Gözlerini kervan üzerine dikip hayretle baktı.

Güzel ve nûrlu Abdullah'ı göremiyordu. Kalbi heyecandan duracak gibi olmuştu. Kuruyan dudaklarını dili ile ıslatıp sordu:

— Abdullah nerede?

Kalbini delen, parçalayan, eriten bir cevap aldı:

— Medine'de!...

Öfkeyle haykırdı:

— Niçin bıraktınız?

— Hastalandı.

— Hastalandı mı?

— Evet.

— Peki kime emanet ettiniz?

— Dayılarına.

Abdülmuttalib'in içine bir ateş düştü. 'Ateş düştüğü yeri yakar' derler ya. Abdülmuttalib de alev alev yanıyordu.

— Eyvah, dedi; işte şimdi mahvoldum!...

Hemen büyük oğlu Hâris'i huzuruna çağırdı ve dedi:

— Oğlum! Derhal Medine'ye hareket et ve kardeşin Abdullah'ı al getir!.

Hâris, soylu bir ata binip Medine yoluna koyuldu ve çölleri bir şahin gibi aşıp Medine önlerine vardı. Öyle ki neredeyse atı çatlayacaktı. Gece gündüz demeden at koşturmuş, vadiler boyu bir rüzgâr gibi uçmuştu.

Alnına biriken terleri elinin tersi ile silip bir nefes soluk aldı ve tekrar Medine içine doğru son sür'at atını koyverdi. İşte Neccaroğullarının kapısına varmıştı bile.

Atından atlayıp aceleyle kapıyı yumrukladı:

— Güm, güm, gümm!...

İçeriden bir ses çağladı:

— Kim o?

Hâris cevap verdi:

— Abdülmuttalib oğlu Hâris'im! Mekke'den geliyorum, kardeşim Abdullah'ı götüreceğim!...

İçerideki ses birden kesildi ve ardından hıçkırıklar duyuldu. Hâris, çarpılmış gibi oldu ve haykırdı:

— Neler oluyor, kapıyı niçin açmıyorsunuz?

Kapı açıldı. Hâris heyecanlı adımlarla yürüyerek içeri koştu ve dedi:

— Hani kardeşim? Kardeşimin odasına götürün beni!...

Nasıl cevap versinlerdi ki, güzel Abdullah bekâ âlemine göçeli günler oluyordu. Dayılarından biri kekeleyerek:

— Ey Hâris, dedi; biraz dinlen! Çok yorgun ve bitkin görünüyorsun. Sonra sana diyeceklerimiz var!...

Hâris, güneşten kızaran gözlerini dikip sordu:

— Yoksa kardeşime bir şey mi oldu?

Dayının gözleri birden yaşlarla doluverdi. Hâris her şeyi anlamıştı, çırpına çırpına ağladı ve hemen izi üzerine geri Mekke'ye döndü.

Abdülmuttalib'in gözü yollardaydı.

Bir adamın rüzgâr rüzgâr uçarak geldiğini görünce yerinden kalktı. Elini gözlerine siper edip baktı.

Bu gelen gerçekten Hâris'ti. Ne var ki, yine gittiği gibi tek başına geliyordu. Niçin kardeşini getirmemişti?

Burada Abdülmuttalib'in beynine amansız bir çivi saplanıverdi. Yoksa Abdullah'ın durumu çok mu ağırdı!..

Nihayet Hâris kan ter içinde gelip babasının önünde boynunu büktü. Abdülmuttalib Hâris'in yüzüne, yüzündeki ifadelere bakıyordu. Hâris'in gözlerinden iki damla yaşın aktığına şahit oldu. Kalbi neredeyse göğsünü delip dışarı fırlayacaktı:

— Ey Hâris, dedi; hani kardeşin?

Hâris hıçkıra hıçkıra babasının kollarına atıldı:

— Ey benim babam! O çoktan Cennetteki sarayına gitmiş!...

Abdülmuttalib'in gözleri de birden pınar pınar akmaya başladı. Abdülmuttalib o türlü çarpıldı ki, Hâris tutmasa yüzüstü yere düşecekti.

Bu acı haber dalga dalga Mekke'yi tuttu. Büyük acıdan sadece şanlı inci Hazret-i Âmine habersiz idi.

Abdülmuttalib yaşlı gözlerini silip Âmine Hatun'un yanına vardı. Hazret-i Âmine evinde işleriyle meşguldü. Abdülmuttalib'in geldiğini görünce gülümsedi, onu tatlı bir edâ ile karşılayıp baş köşeye oturttu:

-- Âh, dedi; işe öyle dalmışım ki, geldiğinizi fark edemedim!...

Abdülmuttalib'in dili düğüm düğüm oluverdi. Ne diyeceğini, nasıl haber vereceğini bilemedi. Sadece başını eğip derin düşüncelere daldı. Hazret-i Âmine çırpınan bir alev gibi titredi. Dikkatle Abdülmuttalib'in yüzüne baktı.

Eyvah! Bu yüzde acı ve ızdırabın gölgeleri geziniyordu. Abdülmuttalib birden çökmüştü. Bilemediği bir şey vardı, nasıl sormalı idi. Bütün cesaretini toplayıp:

— Ey atam, dedi; neler oluyor?

Abdülmuttalib'in dilindeki düğüm yavaş yavaş çözülmüştü. Acı da olsa Âmine'ye gerçeği anlatmalıydı. Derin derin nefes aldı, birkaç kere peş peşe öksürdükten sonra usul usul konuşmaya başladı:

— Ey Âmine! Abdullah'ı ne kadar büyük bir aşkla sevdiğimi bilir misin?

Âmine böyle bir sual beklemiyordu. Abdülmuttalib'in hüzün dolu gözlerine baktı. Bu gözler ağlamaktan kızarmıştı. İlk defa Âmine'nin de yüreğine korkular damla damla indi. Meraklandı ve sordu:

— Siz ağlamışsınız ey atam! Sebeb nedir?

Abdülmuttalib uykudan uyanır gibi gözlerini ovuşturdu. Gözleri onu ele veriyordu. Bir çâresi olsaydı bu gözlerini hiç açmayacaktı. Mâdem ki çâre yok, yaşları akıta akıta bakıp duracaktı artık.

Göz ırmağı yine akıyordu. Ne kadar gayret gösterdi ise de başaramamıştı. Bu acıya bir baba yüreği nasıl dayansındı...

Âmine, Abdülmuttalib'in bir şeyler bildiğini ve fakat söylemekten kaçındığını anladı. Ona güven ve metanet vererek konuştu:

— Ey Mekke'nin Seyyidi! Senin bir derdin var, içini bana döker, derdini anlatırsan, dermanını beraberce bulmaya çalışırız.

Abdülmuttalib derin bir nefes alıp mırıldandı:

— Ey benim iffet mâdeni kızım! Dert, ikimizin derdi. Hem öyle bir dert ki, dermanını da kimseler bilmez.

— Yüce Allah her derdin bir çâresini de vermiştir!

— Ölüm müstesnâ, ey kızım!...

— Neler duyuyorum! Mâdem ki doğduk, elbet bugün öleceğiz.

— Fakat genç yaşta ölmek.

— Açık konuşmuyorsun, ey atam! Genç yaşta ölen kim?

Abdülmuttalib:

— Abdullah! diyemedi.

Gözlerinden inci tanesi gibi yaşlar akıyordu. Âmine, beynine yıldırım düşmüş gibi çarpıldı. Kara kara gözleri yuvalarının içinde fır fır döndü:

— Yoksa, dedi; Abdullah'a bir şey mi oldu? Abdülmuttalib dudaklarını kanatırcasına ısırdı. Cevap veremiyordu. Âmine yine atıldı:

— Niçin konuşmuyorsun, ey atam?

Abdülmuttalib şimdi bir kat daha ihtiyarlamıştı.

Yüreğine bir kurşun saplansaydı bu kadar acı duymayacaktı. Izdırab tüten dumanlı başını yere eğip konuştu:

— Ey Âmine, ey eşi bulunmaz inci! Sen onu unut artık. Çünkü o bizi bırakıp dönülmez bir yolculuğa gitti.

Âmine ak çiçekli bir söğüt dalı gibi titredi. Gözleri karardı, başı döndü ve oracıkta kendinden geçiverdi.

Ruhuna inen bu darbe onun bayılmasına yetmişti. Abdülmuttalib:

— Eyvah, diye bir çığlık koyverdi ve atıldı.

Ne var ki, çok geç kalmıştı. Âmine yere düşmüş ve bayılmıştı. Hemen Âmine'nin başucuna varıp seslendi:

— Âmine, Âmine! Gözümün nûru kızım!

Fakat Âmine'den cevap alamıyordu. Bir müddet bekledi, nihayet Âmine kara kara gözlerini açtı. Etrafına hayretli nazarlarla baktı. Karşısında Abdülmuttalib'in solgun yüzünden başka bir şey göremedi. Yaralı bir ceylân gibi yerinden sıçradı:

— Vah talihsiz başım!...

Gözleri birden bulut gibi yaş dökmeye başladı.

Abdülmuttalib'in gözleri de kendisine itaat etmiyordu. Ağlamamak için ne kadar gayret göstermişti. Fakat beceremiyordu. Hıçkırıklar boğazında düğüm düğüm olmuştu; zârı zârı ağlayarak:

— Ey Âmine, dedi; artık bizim için güzel bir sabırdan başka yapacak bir şey yok!...

Âmine, nar çiçeğine benzeyen yüzünü eli ile kapatıp inledi:

— Sen de ağlıyorsun, ey babam!... Eğer ağlamak fayda verseydi, Abdullah'ın ardından ölünceye dek ağlardım!...

— Güzel söylersin, â kızım! Ben de ağlıyorum; bundan böyle gözümün yaşı hiç dinmeyecektir. Abdullah'ın yerini dolduracak, acısını unutturacak bir kimse de yok ki, varıp onunla avunsam. Fakat sen gençsin, bu acılarla pişecek, Abdullah'ın emanetini muhafaza edeceksin. Abdullah'tan süzüp aldığın nûrun farkında mısın?

— Evet!

— O nûr hürmetine sabır ve sebat edeceğini ümid ediyorum!

— Sabır acıdır da meyvesi tatlıdır. Hep beraber sabredeceğiz!...

— Söz mü soylu kızım?

— Söz, ey babam!...

Abdülmuttalib biraz rahatlamıştı. Bir zaman daha Âmine'ye teselli verdi, sonra kalkıp gitti.

Güneş batmış, gecenin siyah örtüsü Mekke üzerine bir perde gibi inmişti. Hazret-i Âmine konağının penceresinden gökler ülkesine bakıyordu. Yıldızlar dolu bu semânın altında şimdi yapayalnızdı. Abdullah ile geçen günlerini hayâl ediyordu. Saatlerce o halde kaldı. Nihayet yatağına gelip uzandı ve kendisini uykunun kollarına attı.

Aslında uyumak istemiyordu. Fakat göz kapakları ona itaat etmiyordu, göz kapaklarının her birine sanki bir dağ asılmıştı, o kadar şiddetle kapanıverdiler.

Uyku... Ölümün kardeşi olan uyku.

Çok kerre insanı billûr saraylarda gezdirirdi bu uykular. İşte Hazret-i Âmine de şimdi nûr iklimlerinde geziniyordu.

Rüyasında karşısına esrarlı bir adam çıkıp dedi:

— Ey Âmine, bil ki, sen âlemlerin efendisine hamilesin!...

Âmine yatağından fırladı, etrafına bakındı. Hiç kimseler yoktu. Sabah olmuş, güneş ak tepeli dağlar ardından başını göstermişti.

Hemen pencereye koşup ufuklar süzdü. Gönlünden yine hicran ırmakları akıyordu. Yine Abdullah'ın acısı yüreğine bir mızrak gibi saplanıvermişti. Gözleri iplik iplik yaşlar dökmeye başladı. Dilinden de hicran incileri dökülüyordu. Diyordu ki:

Batha-i Mekke Hâşimoğullarından boş kaldı. Hâşimîler içinde onun yerini tutacak bir kimse yoktu.

O, evinden beyaz örtüler içinde çıkarak mezara gitti. Ölüm habercisi rüzgârların kanatlarına binip onun kapısına geldi.

— Ey Abdullah, dedi; hazır ol! Ebed memleketine yolculuk var!

O da bu dâvete icabet etti, fakat ölüm, onun yerine bir mislini bırakmadı ki...

Mübarek cesetleri götürülürken, görülmedik bir izdiham meydana geldi.

Onun dost ve arkadaşları cesedi elden ele kapışıyorlardı.

Ecel okunun isabet etmediği kim vardır ki...

Ecel onu pek çabuk götürdü.

Bütün insanlar ona ağladılar. Fakat benim ağlayıp inleyişim hiçbir zaman dinmeyecektir.

Nasıl ağlamasınlar ki, atası çok, keremi bol, rahim bir insan idi o.

Peygamber Annesi Âmine hem böyle söylüyor, hem de zârı zârı ağlıyordu. Tam o an kapısının önünde ayak sesleri duydu. Gözlerinin yaşını silip kapıya koştu.

Abdülmuttalib yine gelmişti. Gözlerini Âmine'nin gözlerine dikip baktı ve dedi:

— Ey iffet mâdeni kızım, ağlamışsın sen!...

Âmine Hatun bir alev gibi çırpındı:

— Bir rüya gördüm de kendimi tutamadım!...

Abdülmuttalib heyecanla atıldı:

— Rüya mı gördün?

— Evet.

— Hayırdır inşallah!...

— Öyle ümid ediyorum!...

— Rüyanı bana anlatmayacak mısın?

— Henüz bu işe memur değilim.

— Pekâlâ, öyle olsun.

Şanlı inci ve anneler sultanı Âmine cihana bir hakikat güneşi getireceğini sezmişti. Şimdilik bu işi gizli tutuyordu. Bakalım zaman ne gösterecekti...

Şimdi onun tek tesellisi rüya ile müjdelenen mübarek çocuktu.

Zaman zaman Abdullah ile geçen tatlı ve güzel günlerini hatırlıyor, hatıralarının denizinde yüzüyor ve bazan da hıçkırıyordu:

— Âh, diyordu, gam şişine kebap olmak kolay mı?

Nebiler Nebisinin muhterem pederleri vefat edince Melekler Allah'a:

— Ey Rabbimiz, dediler; Resulün öksüz kaldı!...

Allah buyurdu ki:

— Onun koruyucusu ve yardımcısı benim!...

Zaman ırmağı yine akışına devam ediyordu.

O ân, dünya öyle bir âlemdir ki, ne başı bellidir, ne sonu. Yerle gök, bütün kadrosiyle, bir müjdeci beklemektedir. Dünya ve içindekiler, bir büyük sancının girdabında.

Derken hamileliğin altıncı ayı.

Hazret-i Âmine yine yatağına uzanmış, gözlerini tavana dikmiş hayâl âleminin billûr saraylarında geziniyordu. Az sonra göz kapakları bir kapı gibi kapandı ve uyku her taraftan onu sardı.

Yine bir rüya.

Karşısında yine esrarlı bir adam, tebessümler yağdırarak hitap ediyor:

— Ey Âmine! Bil ki, sen âlemlerin hayrına gebesin! Doğurunca ismini **Muhammed** koy ve hâlini hiç kimseye açma!...

Âmine, sevinç ve saâdetle yatağından fırladı. Gönlünde tatlı bir huzur vardı. Nar çiçeğine benzeyen yüzünde elmaslar nokta nokta oynaşıyordu. Artık tâmamiyle kalbi mutmain olmuştu. Büyük bir tecelliye ereceğine gönülden inanıyordu.

Hemen konağının balkonuna koşup yıldız dolu semâyı seyre daldı. Gökler ülkesi yıldızlarla mahşer gibi kaynıyordu. Fezanın derinliklerinde yüzen nice ışıklar bilinmedik bir dille konuşuyordu. Âmine Hatun o kadar dalıp gitmişti ki, sanki yine rüyalar âleminin inciler dolu denizinde yüzüyordu. Kulağına yine aynı sesler geliyordu:

— Ey Âmine! Bil ki, sen âlemlerin hayrına hamilesin. Doğurunca ismini Muhammed koy ve hâlini hiç kimseye açma!...

Hazret-i Âmine bütün geceyi bu haller içinde geçirdi. Sabah olur olmaz eteklerini bir yelpaze gibi savurarak koşmaya başladı, öyle sevinç ve saâdetle doluydu ki, bir yerde durmak istemiyordu.

Şanlı inci ve anneler sultanı Âmine Hatun'un gönül ufkunda bir saâdet güneşi parıldamıştı. Artık günlerini bu nûrun aydınlığında geçiriyordu.

Nûrun Mekke ve Kâbe istikametinde dünyaya iniş ve dünyayı bir ışık cennetine döndürüş zamanı yakındı.

İşte o yıl, Yemen Valisi Ebrehe, mânevi haşmeti altında ezildiği Kâbe'yi yıkmak, yakmak, yerle bir etmek sevdasına düştü.

Hem de Sonsuzluk Nebisinin dünyaya teşrif etmelerine 50 gün kala.

Aklınca Kâbe'yi yerle bir edecekti. Bütün insanlığın muhabbet uçuşlariyle aktığı Kâbe'yi.

Kâbe ki, kutlu yapı.

Hıristiyan Ebrehe'nin yüreğine saplanan ilâhî hançer. Kendisinin Yemen illerinde yaptırdığı haşmetli kilise, Kâbe'nin manevî saltanatına karşı hiçbir varlık gösterememişti.

Ebrehe, gece gündüz plânlar kuruyor, Kâbe'yi yıkmanın çârelerini arıyordu.

Kâinatın Efendisinin dünyaya iniş yılı.

Ebrehe Yemen'den hareket etti, derya gibi ordusuyla Mekke istikâmetinde aktı ve gelip Mekke önlerinde karargâh kurdu. Ordunun önünde ise koca bir fil.

Kureyş ve Mekke halkında müthiş bir panik. Peygamber dedesi Abdülmuttalib'in kapısını dövüyorlar:

— Ey Seyyidimiz! Çâremize bak!...

Abdülmuttalib gök gibi gürledi:

— Ey Kureyşliler! Korkmayın, Kâbe'nin sahibi vardır onu korur. Kimse Kâbe'yi yıkmaya muktedir olamaz!...

Ebrehe ordusu Mekke içine bir fırtına gibi girerek etrafı talana başladı. Başta Abdülmuttalib'in develeri, önüne ne çıkarsa, eline ne geçerse hepsini süpürüp götürüyordu.

Abdülmuttalib, Kureyşlilerle beraber yüksek bir daha sığındı. Tam orada yeni bir tecelli. Hem yaman bir tecelli.

Tâ Âdem Peygamberden başlayıp Peygamber Peygamber süzülüp gelen ve alından alına geçen ve o anda Âmine Hatun'da karar kılmış bulunan Muhammedî nûrun yeni bir tecellisine şahit oldu ve avaz avaz bağırdı:

— Ey insanlar! Haydi, dönün, Mekke'ye inelim!... Zafer bizimdir!...

Ve tepelerden Mekke'ye indiler. Abdülmuttalib hemen Kâbe'ye koştu ve Kâbe kapısının halkasını tutup gönül gönül çağladı:

— İlâhî! Kul, göçünü, ehlini esirger, korur!... Sen de buraya konmuş, dokunulmazlığı tehlikeye düşmüş olanları koru!...

Abdülmuttalib'in gönlünden yükselen duâ kanatlanıp arşa çıktı. Yüce Allah, Abdülmuttalib'in duâsını kabul etti.

Şimdi Ebrehe ordusunun hâli duman olacaktır. Nitekim Ebrehe ordusunun Fili aynı anda yere çakılıp kaldı ve Kâbe istikâmetine tek adım atamadı. Deniz istikâmetinden Ebabil kuşları bölük bölük geldi ve gökten mercimek büyüklüğünde taşlar yağdı.

Müthiş bir panik.

Ebrehe ve ordusu şaşkınlık girdabında. Gökler bütün öfkesiyle Ebrehe ordusunu üfürüyor. Rüzgâr, yüzleri bir alev gibi dağlayıp geçiyor ve kuşların attığı mermiler herkesi yere çakıyor.

Hayvanlar ve insanlar birbirine giriyor, birbirini çiğneyip geçiyor. At kişnemeleri, deve iniltileri, fil homurtuları.

İdrakleri donduran bu hâle kim çâre bulabilir ki?..

Kim, Yüce Allah'ın görünmez askerlerinin önünde durabilir ki?

Ebrehe ve ordusu da duramadı.

Şaşkın ve bitkin askerler topluluğu oraya buraya dağıldı. Kimi geldikleri yolu tutmak istiyor, kimi de bir başka istikâmete kaçmak için çırpınıyordu. Ama ne mümkün.

Daha önce kendilerine kılavuz olarak tuttukları Nüfeyl isimli adam da ortalarda yoktu.

Nüfeyl, Ebrehe'nin yapmak istediği bu çirkin işe râzı olmadığı için ordudan ayrılıp dağa çıkmıştı. Şimdi kim bilir hangi kayanın kovuğunda gizleniyordu.

Nüfeyl, kaçmakla da kalmamıştı. Giderken filin yanına sokulup kulağını tutmuş ve file şöyle demişti:

— Mahmud çök!... Sağ ve selâmet geldiğin yere dön. Sen, Allah'ın dokunulmaz kıldığı bir beldedesin.

Mahmud isimli fil de hemen çöküvermişti.

İşte bütün kıyametler o zaman kopmuş, Ebrehe'nin başına felâketler bir tufan hâlinde yağmıştı.

Bu İlâhi tecelliye şahit Nüfeyl, gizlendiği yerden başını çıkarıp bakmış, kıkır kıkır gülerek haykırmıştı:

— Nereye kaçacaksın ki? Takip eden Allah!... Allah'ın kahır pençesine hangi ordu dayanabilir ki?

Ebrehe yaptığına bin pişman. Ne var ki, bu pişmanlık onu kurtaramayacaktı. Yara ve bereden lime lime olan vücudu askerler tarafından Yemen illerine götürüldü. Fakat bir kuş kadar ancak canı kalmıştı, kalbi parçalanıncaya kadar da bu müthiş azap altında kıvrandı, bir türlü ölüm kendisine nasib olmadı. Çığlık ata ata günlerini geçirdi ve nihayet azap diyarını boyladı.

Kâinatın Yaradılış Sebebi ve Allah'ın Sevgilisi Cenâb-ı Muhammed'in doğum yılındaki zaman şeridinden son levha ve son manzara işte bu.

Büyük oluşa 50 gün kadar bir zaman vardır.

Anneler Sultanı Âmine Hatun, Muhammedî nûrla pırıl pırıl yanmaktadır. Başının üstünde gök, ayağının altında toprak onu kutlamaya hazırlanmakta, Cennet hurileri etrafında yelpazeler gibi dönmektedir.

Şanlı inci Âmine Hatun sevinç ve saâdetinden çiçek çiçek gülümsemektedir.

O anlatır:

Gebeliğin altıncı ayında bir gece karşıma esrarlı bir adam çıktı:

— Ey Âmine, dedi; bil ki, sen âlemlerin hayrına gebesin!... Doğurunca ismini Muhammed koy ve hâlini hiç kimseye açma!...

Derken doğum zamanı geldi. Abdülmuttalib Kâbe'yi tavafa gitmişti. Ben evde yalnız kaldım. Birden kulağıma müthiş bir sada çarptı. Anlaşılmaz bir ses, ürpertici bir nidâ.

Korkudan eriyecek gibi oldum. Bir de ne göreyim: O anda bir ak kuş peydahlanıp kanadıyle arkamı sığadı. Bende korku, kaygı adına hiçbir şey kalmadı.

Etrafıma bir göz attım. Beyaz bir kâse içinde bir şerbet sundular. Alıp içtim. Şerbeti içer içmez bir ışık çağlayanı içine düştüm. Beni bir nûr denizi kuşattı. İşte o ân. Baktım; Abd-i Menaf kızlarına benzeyen bazı kadınlar çevremde bir pervane gibi dönüyorlar.

Her birinin boyu, yükseklikte hurma ağacına benzer kadınlar. Hûrî gibi güzel. Yüzlerinden güneş nûru akıyor. Şaşırıp kaldım:

— Yâ Rabbi! Bunlar da kim? diye Allah'a yalvardım.

O demde Hazret-i Âmine'nin gözlerinden perdeler kaldırılmıştır ve Peygamber Annesi Âmine, etrafında birer ışık çağlayanı gibi dönen melekleri görmüştür.

Anneler Sultanı sözlerine şöyle devam ediyorlar:

— Gördüm ki, doğuda bir bayrak, batıda bir bayrak ve Kâbe'nin üstünde bir bayrak.

Doğum tamamlanmıştı. Nûr-i Cihana nazar ettim; secdede. Şahadet parmağı göğe doğru. Hemen bir ak bulut inip yavruyu kundakladı. Kapladı ve gözden sildi. Bir ses:

— Doğuyu ve batıyı dolaştırın, deryaları gezdirin, tâ ki mahlûklar, Muhammed'i, ismiyle, sıfatiyle, suretiyle tanısınlar diyordu. Biraz sonra bulut gözden kayboldu.

Doğan Kim?

O anda bütün yaratılmışların ve yaratılacakların vücuda gelişinden murad olan güneşler güneşi doğmuştur.

Tarihi sorarsanız şöyle:

— Sene 571... Nisan'ın 20. günü. Pazartesi, sabaha karşı. Kamerî Rebiülevvel ayının 12. günü, Mekke ufukları ışıklarla pırıl pırıl yanarken Cihan sarayı artık hakikat güneşine kavuşmuştur. Sonsuzluğa eriş ve sonsuzlukta oluş sırrının sahibi, Kevser çeşmelerinin mâliki, Allah'ın biricik sevgilisi kundağında çiçek çiçek gülümsemektedir. Ve Yüce Allah'ı zikreden dudaklarından nice hakikat incileri dökülmektedir.

Anneler Sultanı derler ki:

— O, dünyaya geldiği zaman baktım: Bir de ne göreyim! Secdeye kapanmış iki (elinin şehadet) parmağını kaldırmış öyle duruyordu. Ona doğru eğildim. Dudakları kıpırdıyordu. Nûr dudaklarından bir niyaz yükseliyordu. Şöyle dediğini işittim:

— Allah, zâtında büyük olduğu halde, her şeyden daha büyük ve yücedir. Her türlü hamd O'na mahsustur. Sabah akşam Allah'ı teşbih ederim. O'nu noksan sıfatlardan tenzih ederim!...

Mekke'de Bir Ev

Mekke'de küçük bir ev,
Fezâ dolusu pertev.

Bir nûr ki, öyle bir nûr;
Çevre çevre okunur!...

Yer ve gök nakış nakış,
Bu ne ilâhî akış?

Bu ne çağlayış böyle?
Kubbe kubbe seyreyle.

Zaman sanki bir ırmak,
Hiç bilmez nedir durmak.

Göklerde düğün mü var?
Ya şu çağlayan pınar.

Bu ne hikmet, bu ne sır,
Bekledim: Asır, asır!...

Yepyeni bir çağ mı ne?
Gerçekler mi efsâne?

Hayır, hayır!... Bu bir nûr,
Zulmetleri savurur!...

Müjde verir insana;
İşte ben geldim sana.

Son bulsun acıların,
Güneş doğacak yarın.

Niçin dudaklar kuru,
İnecek nûr yağmuru.

Gökler öpecek yeri,
Bekler son Peygamberi.

Bir beklenen var elbet,
Bütün âleme Rahmet.

Zamanda bir gariplik,
Çözüldü iplik iplik.

Ve geldi beklenen gün,
Melekler eder düğün.

Bir halde ki Âmine,
Dalmış nûr iklimine.

Güneş güneş bir ışık.
Çağlıyor binbir ışık!...

Cihan bir nûr meltemi,
Kim görmüş böyle demi?

Ve melekler pervâne,
İnerler tane tane.

Kiminin elinde su,
Kiminde Cennet havlusu.

Kimi sanki yelpaze,
Kimi çiçekten tâze.

Kiminde altın bir tas,
Kimi de elmas elmas.

Gümüş gümüş saçları,
Binbir renk kanatları.

Güzel ki, hem ne güzel,
Böyle süslemiş ezel.

Müjde Âmine sana,
Nûr getirdin cihana

İşte doğdu son Nebi,
Yüce nûrlar sahibi.

Rahmet, rahmet Nebi bu,
Son ve Ahmed Nebi bu!...

Onu Hak ne çok sevdi,
İşte en son gönderdi.

Âmine bir baktı ki,
Yıldızlar inmiş sanki.

Gök açık perde perde,
Kâinat ürpermede.

Ellerde nûrdan fener,
Binlerce melek iner.

Çiçek çiçek her biri,
Selâmlar Peygamberi.

Pınar, ırmak ve deniz,
Bitti artık geceniz.

Bitti öldüren kara,
Nûr yağdı ufuklara.

Bir çiçek, işte, işte,
Müjde var bu gelişte.

Canlı cansız her varlık,
Cevelân eder artık.

Sancaklar konmuş burca,
Bir uçtan öbür uca.

Nur, ışık, Allah Evi,
Cennetlere müsâvi.

Nokta nokta bir elmas,
Belli ki Cennet'e hâs.

Cihan, bir başka cihan,
Zulmetler olmuş nihan.

Renk, ışık, hava ve su,
Akmada gök dolusu.

Gökler sevgi kucağı,
Müjde, müjde!... Nûr çağı!...

Göz göz fezânın dibi,
İşte geldi son Nebi.

Varlığın Nûru insan,
Gülümsedi ân be ân.

Şaştı kaldı Âmine:
Dedi: Allah'ım, bu ne?

Evim nûr nûr doluyor,
Bunun hikâyesi zor!...

Ve o ses o tek sadâ,
Kime ediyor vedâ?

Neden uzaklar yakın?
Neden bu bitmez akın?

Neden gök inmiş yere,
Top top serilmiş yere.

Bu nazlı kızlar da kim?
Gördükçe artar şevkim.

Her biri güneş gibi,
Işık ve nûr sahibi.

Sardılar hep çevremi,
İşte Cennet âlemi.

Değişti bütün dünyam,
Hakikat oldu rüyam.

Şükür, ey Rabbim sana,
Lûtfun ne çok insana!...

O Demde Cereyan Eden Hâdiseler

Şanlı İnci ve Anneler Sultanı Âmine Hatun saâdetinden uçacak gibi. Adetâ çiçek çiçek uçuşan bir kelebek. Beyaz örtüler ve ipekler içinde, bir buğu, bir ışık, bir edâ ve bir renk.

Kâinatın Efendisinin cihan bahçesine gelişlerindeki sır ve acayiplik tecellileri akıllara bir balyoz gibi indi. Dünyanın dört bucağında bir bilinmez hâl.

İran'da, Kisrâların sarayında 12 burç. Birdenbire gürül gürül çöktü.

Ateşe tapanların bin yıldır yanan ocakları, denizler dolusu su basmış gibi sönüverdi.

Taberiye gölü. Akılları oynatıcı, idrakleri dondurucu bir sarsıntıyla yerin dibine geçti.

Semâve vadisi. Sanki içinde yüzlerce okyanus varmış gibi fokur fokur kaynayıp taştı ve sular altında kaldı.

Bütün bunlar oldu.

Hem de âlemlere rahmet olanın dünya bahçesine geldikleri anda.

Hakkın akıl sır ermez tecellisine bakınız:

Kisrâların sarayında 12 burç mu çöktü. İşte bu 12 burç, 12 sultanı işaretliyor. Kâinatın Efendisinin ve İslâm'ın karşısına dikilen Kisrâlar İmparatorluğu, 12 sultan daha verdikten sonra, îman okyanusu ve İslâm hamlesi önünde eriyip gidecek, Kur'ân ve Tevhîd nağmeleri Kisrâlar yurdunun semâsında gürleyecektir.

Ve yine o demde Kâbe'de bulunan mankafalı putlar yüzüstü yerleri öptü. Dünya doğudan batıya dek damar damar titredi ve bütün varlıklar bu tecellîden nasibini aldı.

Ve İranlıların kadısı müthiş mi, müthiş bir rüya gördü:

Bir sürü azgın deve bir alay cins Arap atiyle beraber, Dicle suyunu geçip İran illerine dalmış. İran topraklarını yol yol aşıyor.

Kisrâ büsbütün hayrette ve şaşkın. Karşılaştığı bu müthiş hâdiselerden öyle elem duymuş, öyle ürkmüş ki, hemen devlet erkânını huzuruna çağırdı, tâcını giydi, tahtına oturdu. Fır fır dönen gözlerini vezirlerine dikip başından geçenleri bir bir anlattı ve dedi:

— Bütün bunlar ne ola?

Farsların dinî lideri atıldı:

— Ey hükümdarım, Allah size dirlik versin. Ben de acayip bir rüya gördüm!...

— Nasıl bir rüya?

— Develer ve atlar sürüler hâlinde İran illerinde ilerliyorlardı.

— Peki, bu neye işarettir?

— Araplar tarafından mühim bir şey vuku bulacağına işaret olabilir.

— Çâre ne?

— Bir kâhine sormak!

— Meselâ kime?

— Şam'da, yüz yaşını aşkın, yatalak bir kâhin vardır. İşte ona.

Ve derhal kâhine başvurdular. Kâhin, sönmeye yüz tutan gözlerini aralayıp mırıldandı; bütün alâmetleri bir bir saydı ve son demini yaşadığı için:

— Olacak olan olur!...

Deyip son nefesini verdi. Gerçekten de olacak oldu ve dünyaya Varlığın Mânâsı geldi.

Anneler Sultanı Hazret-i Âmine'ye Açılan Perdeler

Hazret-i Âmine Kâinatın Efendisinin doğumu ânında kendisini bürüyen nûr hâlesi içinde Şam beldesini gördü. Gözünden perdeler kalktı, meleklerin etrafında nasıl döndüklerine şahid oldu.

Gönlü yaprak yaprak açıldı. İki cihanın saâdet güneşi evlâdına tatlı nazarlarla baktı. Kâinatın Nûru ve Allah'ın Resulü yine Cennet tebessümleri yağdırıyorlardı. Harikulâdelikler yine devam ediyordu. Şifa Hatun da oradaydı. Onun da gözlerinden perdeler kalktı. Bizzat kendisi şöyle anlatır:

Allah'ın Resulü doğdukları zaman ben oradaydım. Kulağıma bir ses geldi:

— **Allah'ın rahmeti onun üzerine olsun!...**

Baktım ki, doğudan batıya dek her yer baştan başa nûrla kaplı. Hatta Rum illerinin saraylarını gördüm. Sonra bu halden silkinip Kâinatın Yaradılış Sebebi olan yavruyu emzirdim. Üzerime öyle müthiş bir hal daha geldi ki, titremeye başladım. Gözlerim karardı. Yavrucağı göremez oldum. Yine dehşetli bir ses:

— Nereye gitti? diye çağladı.

Cevap:

— Doğuya götürdüler!...

Bu sözler bütün zaman boyunca kalbimden çıkmadı ve hep içimde çınladı. O zamana kadar ki, O'na Peygamberlik geldiği gün hemen koştum ve ilk Müslümanlarla beraber îman deryasına atıldım.

Peygamber dedesi Abdülmuttalib o gece Kâbe'deydi. Geceyi duâ ve niyazla geçiriyordu. Kulağının dibinde bir ses çınladı:

— Müjde ey Abdülmuttalib! Şimdi Âmine'den bir çocuk doğdu, vücudu âleme rahmet.

Abdülmuttalib daha durabilir mi? Yaralı bir ceylân gibi sıçradı ve Âmine Hatun'un yanına koştu.

Şanlı İnci ve Anneler Sultanı Âmine Hatun, saâdet incisi yavruyu ipeklere sarmış kucağına yatırmıştı.

Abdülmuttalib kapıdan içeri bir rüzgâr gibi girdi ve haykırdı:

— Ey Âmine! Saâdet sana olsun. Ver yavrumu da öpeyim!...

Ve vücudu âleme rahmet olan güzel yavruyu kucağına aldı, öptü, öptü. O kadar ki, öpmeye doyamıyordu. Dudaklarından içine bir nûrun aktığını hayretle müşahede etti. Sonra yavruyu Ebu Talib'in kucağına verdi ve dedi:

— Ey benim oğlum! Bu nûr çocuk sana benim emanetimdir. Bu oğlumun şânı yüce olacaktır! Onu gözün gibi koruyacaksın!...

Kureyş'in Seyyidi Abdülmuttalib, mukaddes torununun sevinciyle âdeta uçtu. Gözlerinden sevinç yaşları yanaklarına aktı. O kadar saâdet duydu ki, bu saâdetle her şeyini avuç avuç saçtı. Doğumun yedinci günü, develer, koyunlar, sığırlar kesti. Mekke halkına büyük bir ziyafet çekti, şiirler ve kasideler söyledi.

Abdülmuttalib'in bu kadar sevince gark olmasını görenler sordular:

— Ey kavmin ulusu! Bu ziyafete vesile olan çocuğa ne isim verdin?

Peygamber dedesi pınar pınar çağladı:

— İsmini **Muhammed** koydum!

Yüzüne hayretle baktılar:

— Böyle atalarında olmayan bir ismi vermekten muradın ne?

— Muradım şu ki, O'nu yerde halk ve ulvîlikler âleminde Hak, pek çok övsün!...

Zaten **"Muhammed"** övülmüş, sevilmiş ve güzelleştirilmiş kimse mânasına.

Şâir ne güzel demiştir:

"Ayinedir bu âlem, her şey Hak ile kâim,
Mir'ât-ı Muhammed'den Allah görünür dâim!"

Sahabîlerden Hassan b. Sabit (Radıyallahü Anh) şöyle dedi:

— Ben sekiz yaşlarında var, yoktum. Hatırlıyorum. Bir sabah vakti yahûdilerden biri: Ey yahûdiler! diyerek çığlığı bastı ve sokak sokak nidâ ederek koştu. Yahûdiler etrafını dalga dalga sarıp sordular:

— Ne var, ey şaşkın, ne yırtınıyorsun böyle?

Yahûdi sesinin en şiddetli tonuyla haykırdı:

— Haberiniz olsun, Ahmed'in yıldızı bu gece doğdu! Ahmed bu gece dünyaya geldi!...

Hazret-i Âişe (Radıyallahü Anh) den nakil:

- Mekke'de oturan bir yahûdi vardı. Allah Resulünün doğdukları gecenin sabahı Kureyşlilerin karşısına çıktı ve sordu:

— Ey insanlar! Bu gece aranızdan herhangi birinin bir erkek çocuğu dünyaya geldi mi?

Kureyşliler hayretle bakınıp, dediler:

— Öyle bir doğumdan haberimiz yok!...

Yahudi fena halde öfkelendi ve bağırdı:

— Vallahi, sizin bu kabahatinizden iğrendim!...

Kureyşliler büsbütün şaşırdılar ve dediler:

— Ey adam, kabahatimiz ne ki?

Yahûdi:

— Bakın ey Kureyş topluluğu, dedi; size ne söylüyorum?

Atıldılar:

— Çabuk söyle!...

— Beni iyi anlayın, ey Kureyş!... Bu gece bu ümmetin en son Peygamberi Ahmed doğdu! Eğer yanlışım varsa, Filistin'in kudsiyetini inkâr etmiş olayım. Evet, O'nun sırtında alâmeti olacak.

— Nasıl bir alâmet?

— Nübüvvet mührü.

Kureyşliler derhal evlerinin yolunu tuttular ve o gece Âmine Hatun'un doğum yaptığını öğrendiler. Güzel Abdullah'ın bir oğlu olmuştu. Sırtında da Nebilik nişanı. Nûr çocuğu yüzükoyun çevirdiler. Yahûdiye gösterdiler. Yahûdi gözlerini dört açtı, Nûr-i Cihana nazar etti ve Peygamberlik nişanını görmekte gecikmedi. Elleri bir şeyi sıkmak, boğmak ister gibi ileriye uzandı ve gözlerine sanki perde indi. Çılgın bir hareketle haykırdı:

— Eyvah! Peygamberlik artık İsrailoğullarından gitti!...

Sonra dönüp Kureyşlilere:

— Ey Kureyş topluluğu, dedi; ferahlandınız mı?

— Evet!...

— Size öyle bir devlet geliyor ki, güneşin doğduğu yerden battığı yere kadar zemini ve bütün yeryüzünü kaplayacak.

— Bunu nereden anladın?

— Yıldızlardan ve şu yavrunun arkasındaki Nübüvvet mühründen.

O devirde yahûdilerden çok âlimler vardı. Kitaplarında Allah'ın Resulünün geleceğini görmüşlerdi. Yıldızlardan hüküm çıkarma ilminde de ustaydılar.

İşte bu ilimle, İnsanlığın Efendisinin geleceği zamanı tesbit etmişlerdi. Âleme rahmet olanın dünyaya gelişlerinde yıldızlar âleminde kuvvetli deliller vardı.

Nûrla dolmuş idi bütün bir âlem,
Bülbüller aşk ile çekiyordu dem!...

Doğum ânında anneler sultanını bürüyen nûr hâlesinden bir nebze bahsetmiştik. Gerçekten Âmine Hatun bir nûr denizinin içinde yüzüyordu, gökler ülkesinde yıldızlar oynaşıyordu. Nûr serpen ay mavilik cenneti semada bir tatlı huzurla gülümsüyordu.

Şiir diliyle söyleyecek olursak şöyle:

Göklerde düğün mü var? Yıldızlar oynaşmada.
Âlem, bir başka âlem. Pınar pınar taşmada.

Âmine'nin çevresi Meleklerle dopdolu,
İşte Varlık Nûrunun gelişi yaklaşmada!...

Âmine'nin Huzur Dolu Günleri

Şanlı İnci ve Anneler Sultanı Âmine, nûr-i cihana anne olmanın saâdeti içinde bir alev gibi çırpınıp duruyordu. Âlemde hiçbir anne, Âmine Hatun kadar övülmeye lâyık değildi. Çünkü hiçbir kadın böyle bir evlât sahibi olamamıştır ve bundan sonra da olamayacaktır.

Hazret-i Âmine ak ak sevgilerle nûr yumağı yavrusuna sarılıyor ve şöyle diyordu:

— Ey eşi bulunmaz tek inci! Kim böyle bir inciye sahip olur da saâdetten uçmaz.

Nebiler Serverinin amcası Hazret-i Abbas'dan (Radıyallahü Anh):

— Ben Allah Resulünün doğduğu ânı hatırlıyorum. Çocuktum. O'nu getirdiler. İpekler içinde gülümsüyor ben de yüzüne bakıyordum. Kadınlar bana:

— Haydi kardeşini öp!

Dediler. Ben de ipekler içinde gülümseyen ve ışıklar saçan nûr çocuğu öptüm.

Varlığın sebebi olan Cenâb-ı Peygamberin yine amcalarından ve İslâm'ın ileride en şedid ve azılı düşmanlarından Ebû Leheb, neseb yönünden nûr koluna bitişik olduğu halde o nûrdan ebediyyen mahrum.

İnsanlığın Efendisi doğar doğmaz cariyesi, Ebû Leheb'e koştu ve çığlığı bastı:

— Müjde, yâ Ebâ Leheb! Kardeşin Abdullah'ın Âmine'den bir erkek çocuğu dünyaya geldi.

Sadece soy gayretinden ileri gelen bir gururla sevinen Ebû Leheb, müjdeci câriyeyi derhal azâd etti.

Şimdi hâle bakınız, İlâhî cilveye nazar ediniz ve ileride gelecek işleri görünüz.

Yeğeninin doğumuyla coşup dalgalanan Ebu Leheb, gün gelecek o yeğene en büyük darbeyi vurmak isteyecektir. Düşmanlıkta o kadar ileri gidecektir ki, hakkında cehennemlik olduğuna dâir âyetler nazil olacaktır ve koca kâfir dipsiz küfür ummanı içinde ebediyyen mahrum olarak kaynayıp gidecektir.

Ölecek, azaplar diyarında kıvranacak sonra mü'minlerden birinin rüyasına girip feryadı basacaktır:

— Âh, âh!... Cehennemdeyim, Cehennemdeyim ve şiddetli azâb içindeyim. Ancak pazartesi gecesi azâbım hafifliyor. O zaman parmaklarımı emiyorum ve uçlarından çıkan suyu içiyorum. Zira pazartesi günü, Allah Resulünün doğumunu bana müjdeleyen câriyeyi azâd etmiştim. Bu hareketimin yüzü suyu hürmetine hafifliyorum...

Onu Kime Verelim?

Hazret-i Âmine Kâinatın Efendisini üç gün emzirdikten sonra, nûr çocuk Süveybe Hatun'a verilmişti. Süveybe, bu saâdetle gönül gönül çırpınır ve Nûr-i Cihanı emzirirken Abdülmuttalib de çarşının yolunu tutmuştu. Bir sütanne aramak gayesiyle gözlerini kadınlar üzerine dikmişti.

Civar oymaklardan birçok kadın gelmişti. Bâdiye'de yaşayan kabilelerin yeni anne olmuş kadınları şehre inerler, yüksek ailelerin çocuklarını alıp götürürler, onlara kendi evlâtları gibi bakarlardı. Ne var ki, herkes analı babalı ve zengin çocuklarını tercih ederdi. Şimdi yetim bir çocuğu kim alırdı ki...

Peygamber dedesi Abdülmuttalib bu düşünceler içinde ağır ağır ilerliyordu. Şehrin merkezi yeni anne olmuş kadınlarla kaynıyordu. Bu kadınlar istedikleri çocuğu seçip alıyorlardı. Abdülmuttalib birkaç kadına başvurdu. Ne ki, istediği cevabı alamadı. Mahzun ve mükedderdi. Fakat yine de boş durmuyor, çâreler arıyordu.

Kâinatın Fahrine sütanne olmak şerefine eren Halime Hatun da Mekke'ye gelmiş bulunuyordu. Şimdi olanları ondan dinleyelim:

— Benî Saad kabilesinden birçok kadın, Mekke'ye geldik. Mekke büyüklerinin emzirilecek çocuklarını alıp yetiştirelim diye. Benimle gelen kadınların hepsine Allah'ın Resulünü sundular. Yetimdir diye kimse kabul etmedi. Kadınlardan her biri kısmetini buldu gitti. Elleri boş, bir ben kaldım. İşte tam bu sırada Abdülmuttalib bana sokuldu ve dedi:

— Â hatun, sen nerelisin?

Cevap verdim:

— Benî Saad kabilesindenim!

— Adın nedir?

— Halime!...

— Ne hoş, ne güzel! Saad ve Halime iki haslettir ki dünyanın hayrı da, âhiretin izzet ve şerefi de bunlardadır!...

— Teşekkür ederim.

— Ey Halime! Benim yanımda yetim bir çocuk var. Onu, Benî Saad kadınlarına arz ettim. Kabul eden olmadı. Gel, sen o güzel yavruya annelik et. Belki onun yüzünden mutluluğa erersin!...

— Bana biraz müsaade verir misin, ey Seyyid?

— Ne hususta?

— Kocama danışmak istiyorum!

— Öyle olsun, danış ve gel.

Hemen zevcime koştum ve dedim:

— Ellerim boş dönmek bana girân geliyor. Ben de o yetimi alsam ne dersin?

— Almanda bir beis yok. Belki de Allah bize onun yüzünden bereket ve hayır verir.

— Ümidim de odur.

Bunun üzerine Abdülmuttalib'in yanına döndüm. Abdülmuttalib gözlerini bana dikip sordu:

— Ne oldu, ey Halime?

— Kabul ediyoruz. Hani, çocuk nerede?

Abdülmuttalib'in yüzünde görülmedik bir ışık parladı:

— Gel, dedi; seni yavrumun yanına götüreyim!...

Çocuğu almaya gittim. Daha görür görmez çarpılmışa döndüm. Mübarek vücudunu bir yeşil ipeğe sarmışlar, üstüne de beyaz bir sof dolamışlar. Beyaz sof sütten ak ve misk kokulu.

Güzel çocuk arka üstü yatmış, uyuyor. O kadar nûrlu, o kadar can alıcı ki, bakmaya doyum olmuyor. Yüzünde ve duruşunda öyle bir tatlılık vardı ki yüzüne bakıp kaldım ve uyandırmaya kıyamadım.

O hâlâ mışıl mışıl uyuyordu.

Ellerimi göğsünün üstüne koydum. Gözlerini açtı, mesafelere hayat veren gözlerle yüzüme baktı ve gülümsedi. Sanki gözlerinden, gökleri tutan bir aydınlık fışkırdı. Kendimi tutamadım, hemen iki gözünün arasından öptüm. Sağ mememi verdim, aldı. Dilediği kadar süt emdi. Derken sol mememi verdim, almadı. Ondan sonra da hiçbir zaman sol mememden süt emmedi. Hep sağ, daima sağ memeyi emdi.

Nûr çocuğa bir sütanne bulunduğunu gören Âmine Hatun sevincinden ne yapacağını bilemiyordu. Yavrunun teslimi anında gözyaşlarını tutamamıştı. Abdülmuttalib:

— Ey Âmine, dedi; yavrumun hasretine dayanamayacak mısın yoksa?

Âmine, çırpınan göğsünü eli ile bastırıp:

— Dayanmak zorundayım, ey atam, diye cevap verdi.

Bir müddet nûr-i cihandan ayrılacaktı. Onun hasretiyle gönül ocağı duman duman tütecekti. Ne var ki başka yapabileceği bir şey de yoktu. Mekke'nin kavuran, eriten, bitiren sıcağında çocuğuna bir zarar erişmesinden korkuyordu.

Âmine Hatun, Kâinatın yaratılış sebebi olan yavrusunu öptü, öptü. Sonra Halime Hatun'a verdi. Halime, varlığın nûrunu alıp yola koyuldu. Bâdiye'de Benî Saad kabilesinin çevresine götürdü. O eşi bulunmaz tek inci, aralarına girer girmez sanki gök delindi. Ulvîlîk âlemlerinin görünmez kapıları açıldı. Gökten deste deste nûrlar inmekte, yerden nimet ve feyz bitmekte. Akıl sır ermez bir bereket her yanda buram buram tütmekte.

Hele yol boyunca olan işler.

Halime Hatun Kâinatın Efendisi olan mübarek yavruyu kucağına alıp cansız merkebe bindi. Gözlerine inanamıyordu. İşe yaramaz, kupkuru, bir deri bir kemikten ibaret merkep birden yeni bir hayat kazanıverdi. Öyle şevkle yürümeye koyuldu ki, yollar sanki ayaklarının altında duruluyordu. Kafiledeki merkeplerin hemen önüne geçti, vadiler boyu bir su gibi aktı. Halime Hatun'un arkadaşları hayretle bağırdılar:

— Ey Ebu Zübeyb'in kızı! Başına rahmet yağsın! Biraz dur, bizi bekle. Yoksa bu merkep, senin evinden üzerine binip yola çıktığın o çelimsiz merkep değil mi?

Halime, ak çiçekli bir gül dalı gibi titreyerek cevap verdi:

— Vallahi, bu işte o merkeptir!...

Kadınlar çığlığı bastılar:

— Andolsun ki onun, bugün şaşılacak bir hâli var!

Fahri Âleme sütannesi olmak şerefini elde eden Halime Hatun şöyle dedi:

— İşe yaramaz, cansız bir merkebimiz vardı. Sütsüz ve kavruk, bir de dişi devemiz.

Varlığın Nûru aramıza girince devenin memeleri süt pınarına döndü. Sağa sağa bitiremez olduk. Kocamın gözleri hayretle açıldı, dehşetler içinde kaldı:

— Ey Halime, dedi; getirdiğin yetim ne uğurluymuş. İçimize girer girmez bereket yağmaya başladı.

Gerçekten de Halime'nin evine gökten nimet yağmaktaydı. O kadar bereket tütüyordu ki her köşeden, bu feyz karşısında Benî Saad oymağı akıl dudaklarını ısırır oldu.

Nihayetsiz olan mülkün Seyyidi ve Kevser çeşmelerinin Mâliki nûr çocuk iki yıl boyunca Halime Hatun'un hep sağ memesini emdi. İki yıl geçince de memeden kesildi. Memeden kesilişi de bir başka harika. Tekbir getirdi ve Allah'a şükretti. Ve tıpış tıpış yürümeye başladı.

Halime Hatun'dan nakil:

— Civarımızdaki oğlancıklar oyun oynarlar, fakat O aralarına katılmazdı. Bir kenarda durur, onları gülümseyerek seyrederdi. O kadar tatlı bir tebessümle gülerlerdi ki, insanın ciğerinin zarına işlerdi.

İki yıl tamam olduktan ve Kâinatın Efendisi sütten kesildikten sonra, Halime Hatun bir sabah nûr çocuğu terkisine alıp Mekke'nin yolunu tuttu.

Hayretle gördü ki, başının üstünde bir bulut gölge etmekte. O ne tarafa yönelirse bulut da aynı istikâmette hareket etmekte. Bütün bunları gören Halime'nin gönlü, Âlemin Fahrine büsbütün bağlandı. Halime Hatun ona tutkundu zaten.

Bulutların gölgelediği vadilerden aşıp Mekke'ye vasıl oldu. Doğruca Peygamber annesi Âmine Hatun'un kapısına vardı ve kapıyı tıkırdattı:

— Tık, tık, tıkkkk!...

Âmine Hatun içeride işleriyle meşguldü. Kapının tıkırdadığını duyunca seslendi:

— Kim o?

Halime cevap verdi:

— Benim! Saad oymağından Halime!... Yavrunu getirdim sana!...

Anneler Sultanı Âmine Hatun yaralı bir ceylân gibi sıçradı. Ak çiçekli söğüt dalı gibi titreyerek haykırdı:

— Şükür Rabbim! Bahtımın güneşi gelmiş!...

Ve kapıya koşup açtı, Nûr-i Cihanı, Halime'nin kucağında gülümser bir vaziyette görünce gönül gönül çağlayarak atıldı:

— Ey eşi bulunmaz tek inci, ey bütün insanlığın övüncü!...

Kâinatın Efendisini kucağına alıp defalarca öptü.

Her öpücükte dudakları nûrlanıyordu. Öyle derin bir zevk alıyordu ki âdeta mest oluvermişti.

İnsanlığın Kurtarıcısı ve Âlemin Rahmeti şimdi annesinin kucağında gülümsüyordu. Anneler Sultanı sevincinden ve saâdetinden uçacak gibi olmuştu.

Göz ırmağı da durmadan akıyordu.

Bu yaşlar, sevincin ve saâdetin elmas damlalarıydı.

O'nun sevgisi gönül aydınlatan bir ışıktı. O'nun bakışı buluta emir buyururdu.

Âlemlere Rahmet diye geldi O.
Aşkı ile gönülleri deldi O.
Cennet bile cemâline âşıktı,
Allah'ın sevdiği bir güzeldi o!...

Şanlı İnci ve Anneler Sultanı Âmine nûr çocuktan ayrılmak istemiyordu. Halime de çaresiz yurduna dönecekti. Günlerini Mekke'de geçiremezdi ki... Fakat o da Kâinatın Fahrine tutkundu. Çünkü onun hürmetine evine, oymağına, dağına, taşına bereketler yağmıştı. Âmine Hatun'un kara kara gözlerine bakıp:

— Ey tertemiz hatun, dedi; oğulcuğumu büyüyünceye kadar yanımda bıraksan iyi olur. Çünkü O'nun Mekke vebasına tutulmasından korkarım!...

Hazret-i Âmine başını eğip derin düşüncelere daldı. Gerçekten de Halime doğru söylüyordu. Mekke'nin sıcağı insanı bir yılan gibi sokardı. Taşların bağrı bile bu sıcağa dayanamayıp eriyordu. Kaldı ki iki yaşında bir çocuk.

Yaşlar biriken gözlerini Halime'nin gözlerine dikti ve dedi:

— Doğru söylersin, ey Halime! Yavrumun bir müddet daha senin nezdinde kalması uygun olacaktır!...

Halime'nin ay yüzü birden elmaslarla doluverdi. Ve Halime Nebiler Nebisini yine terkisine alıp Saad oymağının yolunu tuttu.

Kâinatın Efendisi yine Saad oymağında ve Halime'nin yanında. Yine gökler ülkesinden deste deste nûrlar inmekte. Şimdiye kadar görülmedik, duyulmadık hâdiseler cereyan etmekte.

Halime'den:

— Oğlum koşarak ve çığlık atarak geldi: Anne, dedi; tez yetişin. Bir adam geldi, aramızdan kardeşimiz Muhammed'i kaptı, bir tepe üzerine çıkardı ve karnını yardı.

— Ne dedin, ne dedin?

— Gözlerimin gördüğünü söyledim!...

— Düş önümüze de bizi oraya götür!...

Bu akılları oynatan haber üzerine Halime ile Hâris dışarı fırladılar ve koştular. İnsanlığın Efendisini gülümser bir halde buldular. İkisi birden haykırdılar:

— Ey yavrucuğum, sana ne oldu böyle?

Allah'ın Resulü cevap verdi:

— Beyaz elbiseli iki kişi gelip beni yere yatırdılar. Karnımı yardılar. Karnımda bilmediğim bir şey aradılar.

— Ey iki gözümün nûru, sen hiçbir acı duymadın mı?

— Hayır.

— O adamlar bir şey demediler mi?

— Tek kelime konuşmadılar. Sadece beni saygı ile selâmladılar ve gözden kayboldular.

Halime ve Hâris hayretli nazarlarla birbirlerine baktılar. Bu hâl karşısında kim hayret etmez ki... Kâinatın Fahrini alıp hemen eve döndüler.

Hâris çarpılmış gibi titriyordu. Kuruyan dudaklarını dili ile ıslatıp Halime'ye hitap etti:

— Ey Halime! Ben, bu çocuğun başına bir felâket gelmesinden korkuyorum!... Başına gelecek hâl, meydana çıkmadan önce onu annesine götürüp teslim et!...

Halime Hatun'un gözlerine yaşlar birikti:

— Âh, dedi; O'nun ayrılığına dayanmak kolay mı?

— Annesi nasıl dayanıyor?

— Onun selâmeti için bu acıları çekiyor.

— Sen de öyle yap, ey Halime!...

— Dediğin gibi olsun, ey Hâris!... Ne var ki, artık hicran gecemin hiç gündüzü olmayacaktır.

— Böyle söyleme. Ara sıra gider onu ziyaret edersin.

Halime Hatun sustu. Artık yapacak bir şey yoktu ki. Hemen hazırlıklarını yaptı ve Allah'ın Sevgilisini alıp yine Mekke istikâmetine yola revan oldu.

Bu çileli yollarda bir su gibi akıp Mekke içine kadar geldi.

Güneş batmış, karanlık perde perde şehrin üzerine inmişti. Kâinatın Efendisi ile kalabalığın içine daldı. İşte o anda olanlar oldu. Mübarek çocuk elinin altından bir cıva gibi kayıverdi. Allah'ın Resulü birden yok oluvermişti.

Halime Hatun acılar içinde kıvranmaya başladı. Şimdi bundan sonrasını Hazret-i Mevlâna'nın Mesnevî'sinden dinleyelim:

Sana Halime'nin gizli hikâyesini söyleyeyim de gönlünden gam gitsin.

Cenâb-ı Mustafa'yı sütten kesince fesleğen ve gül gibi eline alıp bağrına basarak. Her iyi ve kötüden kaçırıp esirgeyerek o padişahlar padişahını atasına teslim etmek üzere Mekke-yi Mükerreme'ye geldi.

O mübârek emaneti zayi etmeden korkarak Kâbe'ye geldi. Hatîm'e girdi.

Fakat bu sırada havadan:

"Ey Hatim! Sana pek büyük bir güneş doğdu. Ey Hatim! Bugün sana cömertlik güneşinden yüzbinlerce nûr isabet ediverdi.

Ey Hatim! Bugün sana talih ve bahtın, ardında çavuş olduğu ulular ulusu bir padişah gelip kondu. Şüphe yok ki yeni baştan yücelikler âlemine mensup canların konağı olacaksın.

Tertemiz canlar, her yandan bölük bölük, takım takım, şevklerinden mest olarak sana gelecekler..." diye ses geliyordu.

Hazret-i Halime bu sese şaşırıp kaldı. Ne önde kimse vardı, ne artta!...

Altı cihette de kimse yoktu. Fakat bu canlar fedâ olası ses, ardı ardına çağlayıp durmadaydı.

Halime, o güzel ses nerden geliyor, kim söylüyor diye araştırmak üzere (İnsanlığın Efendisi) Cenâb-ı Mustafa'yı yere bıraktı.

Her tarafa göz gezdirdi. O sırları açan, gizli şeyler söyleyen nerde diye her tarafa baktı:

Yâ Rabbi! Böyle yüce bir ses sağdan, soldan gelmede... Fakat söyleyen kim? diyordu.

Kimseyi göremeyince şaşırdı, ümidi kesildi, söyleyeni bulamayacağını anladı. Söğüt dalı gibi her taraflı tir tir titriyordu.

Tekrar o aklı başında olan çocuğu bıraktığı yere döndü. Bir de ne baksın!... O canlar canı Hazret-i Mustafa, koyduğu yerde yok!...

Büsbütün şaşırdı. Konağı dertlerle karardı âdeta!.

Şu yana, bu yana koşup bağırmağa, 'bir tanecik incimi kim aldı benim,' diye feryâd etmeye başladı.

Mekkeliler biz bilmiyoruz. Hattâ orada bir çocuk olduğunu bile görmedik dediler.

Halime öyle bir feryâd edip ağlamaya başladı ki, onun ağlamasını görüp başkaları da ağladılar.

Göğsünü döverek öyle yanık yanık ağlıyordu ki, onun hâline yıldızlar bile acıdılar.

Bu sırada ihtiyar bir adam, elindeki sopasını kaka kaka çıkageldi.

— Â Halime, dedi; başına ne geldi senin? Neden böyle ağlıyor, yasla ciğerler dağlıyorsun?

Halime (gözyaşı incilerini eteklerine döküp duruyordu.) Dedi ki:

— Ben Cenâb-ı Ahmed'in inanılır, güvenilir sütannesiyim. Onu atasına teslim etmek üzere getirdim. Fakat Hatîm'e gelince kulağıma havadan sesler gelmeye başladı. Gökten gelen o sesleri duyunca çocuğu oraya bıraktım ve bu sözleri kim söylüyor, göreyim dedim. Çünkü pek lâtif, pek güzel bir sesti o.

Ne etrafımda kimseyi gördüm, ne de bir an o ses kesildi. Şaşırıp kaldım, şaşkınlıkla şuraya buraya giderken bir de baktım ki çocuk, koyduğum yerde yok!... Eyvahlar olsun, yazık oldu bana!...

İhtiyar: Meraklanma, kederlenme, ben sana bir padişah göstereyim. O sana çocuğun ne olduğunu, nereye gittiğini, nerde bulunduğunu söyler, dedi.

Halime gönül gönül çırpınarak:

– Canım fedâ olsun sana ey güzel yüzlü, tatlı sözlü ihtiyar! Hadi, hemen bana o yüce bakışlı padişahı göster de çocuğun hâlinden haber alayım, dedi.

İhtiyar, Halime'yi Uzzâ'nın yanına götürdü. Dedi ki: Bu put, kayıpları haber vermekte tecrübe edilmiştir. İhtiyar, putun önünde yerlere kapanıp derhal:

— Ey Arabın velinimeti, ey cömertlik denizi, dedi; sen bize nice lûtuflarda bulundun da biz tuzaklardan kurtulduk. Saad kabilesinden olan bu Halime, derdine derman olacağını umarak gelip senin gölgene sığındı. Onun bir küçük çocuğu kaybolmuş. Adı: Muhammed imiş, dedi.

Arap, Muhammed der demez derhal bütün putlar yere kapandılar.

 ihtiyar, dediler; Muhammed'i ne çeşit arayış bu? Biz, onun yüzünden işten kalacak, hor hakir olacağız!...

Biz, onun yüzünden yüzüstü düşeceğiz, taşlanacağız. Onun yüzünden kârımıza kesad gelecek, ayarımız mahvolacak!...

Fetret zamanında heva ve heves ehlinin arada bir bizden gördükleri o hayâller, onun devri gelince yok olacak. Su görününce teyemmümün hükmü kalmayacak!...

 ihtiyar! Uzaklaş bizden. Sınama ateşini alevlendirme; Ahmed'in gayretiyle bizi yakma!...

O, güngörmüş, yaş yaşamış ihtiyar, taşlardan bu sözleri duyunca sopasını yere attı. Titremeye başladı. Dişleri takır takır birbirine vuruyordu.

Halime, ihtiyarın hâlini görünce büsbütün şaşırdı; ne yapacağını unuttu.

Dedi ki:

– ihtiyar! Ben de mihnetteydim ama şimdi temelli şaşırdım kaldım! Ân olur rüzgâr bana hatiplik eder, zaman gelir taşlar edeb öğretir. Rüzgâr bana söz söyler. Taş ve dağ, eşyanın hakikatini anlatır. Gâh olur gayb erleri, gökyüzünün yeşil kanatlı melekleri çocuğumu kaparlar!... Kime ağlayıp sızlanayım. Kime şikâyet edeyim? Yüzlerce gönülle sevdalara kapılanlara döndüm şimdi!...

O çocuğun gayreti, gayb sırlarını söyletmiyor, ağzımı yumuyor benim. Şu kadar söyleyeyim: Çocuğum kayboldu. Fakat şimdi başka bir şey söylesem halk, beni delidir sanır, zincirlere vurur!...

İhtiyar bütün bu sırlara vakıf olunca dedi ki:

– Ey Halime, şadol! Şükür secdesine kapan, yüzünü pek yırtma. Gam yeme. O kaybolmaz, belki bütün âlem onda kaybolur.

Cenâb-ı Mustafa'nın ceddi, Halime'nin hâlini, halk içinde ağlayıp sızladığını, sesi bir millik mesafeye yetişecek kadar feryat ve figan ettiğini duyunca işi anladı. Eliyle göğsünü yumruklamaya, bağırıp ağlamaya koyuldu.

Derken yana yakıla Kâbe kapısına gelip dedi ki:

— Ey gece sırlarını da, gündüzün gizlenen işlerini de bilen Allah!... Kendimde bir hüner, bir marifet görmüyorum ki senin gibisiyle sırdaş olayım.

Kendimde bir ehliyet görmüyorum ki, bu kutlu kapıda makbule geçeyim. Ne başımda bir değer var, ne secdemde. Ne de ağlamamla bir devlet gülümser benim.

Ancak o eşi bulunmaz tek incinin yüzünde senin lûtuf eserini görmüşüm, ey kerem sahibi Allah'ım!...

O bizden ama bize benzemiyor. Biz, hep bakırız, Ahmed kimya!...

(Ey Rabbim!) Senin, ona olan inayetlerini iyice gördüm. Anladım ki O, senin denizinin biricik incisi!...

Ben de işte sana onu şefâatçi getirmedeyim. O'nun yüzüsuyu hürmetine ey herkesin hâlini bilen Allah, o ne haldedir bana bildir!...

Kâbe içinden derhal bir ses geldi:

— Şimdi sana yüz gösterecek! O, yüzlerce devletle bizden nasib almıştır. Yüzlerce bölük melek, onu korumaktadır. Ey o aklı başında olan çocuğu arayan!... O şimdi filân vadide, falan ağacın altında! (Hemen yürü, bahtın açık olsun!)

Yukarıda da görüldüğü gibi Halime Hatun İnsanlığın Efendisini kaybedivermişti. Acılar ve ızdıraplar içinde koşup duruyordu. Gözlerinin yaşı bir pınar gibi akıyordu. Derken Abdülmuttalib'e haber uçurdu:

— Ey o eşi bulunmaz tek incinin ceddi, Muhammed'imi kaybettim! Vallahi, şimdi O'nun nerede olduğunu bilmiyorum!... Koş ve çâresine bak!...

Peygamber dedesi Abdülmuttalib canevinden yaralandı. Can sazının teline hicran mızrabını vurmaya başladı. Gözleri bulutlar gibi yaş döküyordu. Tıpkı Halime Hatun gibi her tarafı aradı, taradı. Ne var ki, yine de o saâdet incisinden bir eser yoktu. Ellerini ulvîlik âlemlerine kaldırıp duâ etti:

— Ey benim Rabbim! Muhammed ismini ona sen taktın. O'nu bana lûtfet, geri çevir!...

Yüce Allah Abdülmuttalib'in duâsını kabul buyurdu. Mukaddes çocuğu Mekke'nin yukarı mahallesinde bir yerde buldular. Elinden tutup Abdülmuttalib'e götürdüler.

Abdülmuttalib yaşından umulmayacak bir çeviklikle yerinden fırladı, gözlerinde yıldızlar oynaşıyordu. Sevinç ve saâdetle nûr çocuğu yumak yumak sardı ve dedi:

— Yavrucuğum! Ben senin dedenim. Canım sana fedâ olsun!...

Kâinatın Efendisi çiçek çiçek gülümseyerek dedesine sokuldu. Mübarek gözleri dolu dolu oluvermişti. Birlikte Âmine Hatun'un yanına vardılar.

Anneler Sultanı Âmine Hatun, o eşi bulunmaz tek inciyi karşısında görünce âdeta uçtu. Kalbini yaprak yaprak açıp atıldı:

— Ey Mustafa, ey deniz huylu güzel!... Ne kadar da hoş kokuyorsun!...

Nûr çocuk da birden annesine sarıldı. İki incinin birbirlerine böyle candan sarılması Abdülmuttalib'in gözlerini yine yaşlarla doldurdu.

Anneler Sultanı Âmine, Halime'nin ceylân bakışlı gözlerine gözlerini dikti ve dedi:

— Ey Halime! Yavrumu niçin getirdin? Halbuki O'nu, yanında alıkoymak için ısrar edip durmuştun, şimdi ne oldu?

O iyi kalpli ve güzel huylu kadın:

— Ey Âmine, dedi; artık oğulcuğumu Allah büyüttü. Ben üzerime düşeni yerine getirmiş bulunuyorum. O'nun başına birtakım felâketler geleceğinden korkuyorum. Bu sebeple sana getirip teslim ediyorum!...

Şanlı inci ve anneler sultanı kara kara gözlerle Halime'nin yüzüne bir daha baktı:

— Hayır, ey Halime; çocuğumu teslim etmenin sebebi bu değildir. Sen, bana işin doğrusunu söyle. Yoksa, ona şeytan dokunabileceğinden mi korktun?

— Evet!... Onda gördüğüm bazı hallerden ürkmüş bulunuyorum!...

— Ey Halime! Allah'a yemin ederim ki, şeytan ona dokunmaya hiçbir zaman yol bulamaz. Benim oğlumda büyük bir hâl ve şan vardır. İstersen, onu, sana anlatayım!

— Ben de işte o haller sebebiyle korkuyorum ya... Yine de senin ağzından duymak isterim.

— Ben O'na hâmile olunca, içimden bir nûr çıktığını, bu nûrun tâ Şam topraklarındaki sarayları aydınlattığını gördüm.

— Buna hiç şaşmam. Çünkü ben de nice acayiplikler görmüşümdür.

— Ey iyi huylu kadın! Onu bana bırak da doğruca selâmetle yurduna dön. Elbet bu iyiliklerinin mükâfatını Allah sana verecektir!...

— Ben mükâfatımı fazlasiyle almış bulunuyorum!

Halime Hatun şimdi Nûr-i Cihandan nasıl ayrılacaktı? Bu nûr, bu ışık, bu eşi ender bulunur inci bırakılır mıydı?..

Hazret-i Halime'nin gözleri dolu dolu oldu ve bir bülbül gibi âh ü zâr etmeye başladı:

Fedâ, ey güzel gül, cân-ü ten sana,
Ezelden hasretim işte ben sana.

Şevkinle coşmada bu toprak beden,
Kurban olmak ister can hemen sana.

Bütün âlem bakır, sen bir kimyasın,
Ne lâleler benzer, ne çemen sana!...

Parlıyor yüzünde güneşin nûru,
Öpücük gönderir yasemen sana!...

Gözyaşı incimi yoluna döktüm,
Sıdkıle âşıkım gönülden sana!...

Ne acı imiş ki ayrılık demi,
Hep yaşlar doldurdu bu gözlerimi.

İşte gidiyorum, ey masum çocuk,
Ölümden beterdir bana yolculuk!...

Halime Hatun bu şekilde zârı zârı ağlayarak Kâinatın Efendisinden ayrıldı. Fakat gönlü yine dâima onun yanındaydı. Bir ömür boyu da hep onunla olacaktı.

Varlığın nûru mübarek çocuk böylece Hazret-i Âmine'ye teslim edilmişti. Hazret-i Âmine ak ak sevgilerle bir yelpaze gibi onun etrafında dönüyordu. Kâh yaralı ceylânlar misâli salına salına geziniyor, kâh nûr çocuğun misk kokan saçlarını tel tel okşuyordu.

Zaman ırmağı yine durmadan akıp gidiyor, günleri geceler, geceleri gündüzler takip ediyordu. Âmine Hatun, eşi bulunmaz o tek incisi ile baş başa tatlı bir hayat sürüyordu.

İki cihan halkı onun bendesiydi. O, öyle eşi bulunmaz bir güzeldi ki, Âdem devrinden beri bir misli gelmemişti, bundan sonra da gelmeyecekti.

Gök bütün maviliğiyle onu süzmekteydi, ay bütün nûru ile onu öpmekteydi. Geceler bütün yıldızlariyle onu yumak yumak sarmaktaydı. O ise günden güne bir kudret fidanı gibi boy vermekteydi.

Medine Ziyareti

Şanlı inci ve anneler sultanı Âmine'nin nezdinde seneler geçti. Derken O Nebilerin İmamı altı yaşına bastı. Altı yaşlarına girdikleri zaman, mübarek anneleri onu karşısına alıp:

— Ey benim gözümün nûru oğlum, dedi; Medine'ye gitmek ister misin?

Varlığın tacı şevk ve saâdetle karşılık verdi:

— Seninle her yere giderim, ey annem!...

— O halde babanın kabrini ziyaret için hemen yola koyulalım.

— Nasıl arzu edersen öyle olsun.

Ve Hazret-i Âmine, hem dayılarını ziyaret ve hem de Hazret-i Abdullah'ın kabrini görmek için Medine yoluna koyuldu. Ümmü Eymen'i de beraberine alıp vâdiler boyu akıp gitti.

Yoldalar...

Yollar, yollar!... Bitecek gibi değildi ki. Ne var ki, bitirmek mecburiyetindeydiler.

Gidiyorlardı. Çöllerin canavar ağzı sanki tıkanıvermişti. O yakıp kavuran, eriten, arı gibi insanı sokan güneş kendilerine değmiyordu bile.

Başlarının üzerinde esrarlı bir bulut vardı. Onlar yürüdükçe bulut da yürüyor, durdukça bulut da duruyordu.

Hazret-i Âmine göz ucuyla göklere baktı. Esrarlı bulutun başları üzerinde bir kudret şemsiyesi gibi durduğunu görünce gülümsedi:

— Ey Muhammed'im, dedi; Hudâ'nın inayet bulutu senin başına cevherler saçıyor!...

Hakkın nazlı Nebisi mesafelere hayat veren gözlerini mübarek annesinin gözlerine dikip tatlı tatlı baktı.

Nihayet kıvrım kıvrım bükülen yollar sona erdi... Dar-ı Nâbega mevkiine kondular. Bir ay kadar dayılarında kaldılar. Nebiler imamının muhterem pederinin kabri de bu evin avlusundaydı. Onun kabrini de ziyaret ettiler.

Dayıların şevk ve neş'esi sonsuzdu. Nûr-i Cihanın etrafında bir pervane gibi dönüp duruyorlardı. Bir ay müddetle gönül gönül çağlayarak sevince gark oldular.

Zaman gelecek, Kâinatın Efendisi, çocukluğunda Medine'ye geldiğini ve oradaki bazı hususilikleri anlatıp misafir oldukları evi ve gördükleri şeyleri bir bir sayacaklar ve buyuracaklardır:

— Ben çocukluğuma ensar kızlarından Enîse ile bunun üzerinde oynamıştım. Dayılarımın oğullarından bazıları da yanımda idiler. Buraya da ben ve annem misafir olarak inmiştik. Babam Abdullah'ın kabri de bu evdedir. Suda yüzmeyi de Adiy bin Neccaroğullarının kuyusunda öğrenmiştim.

Allah'ın Sevgilisi, topyekûn zaman ve mekânın ve bütün mahlûkatın Peygamberi annesiyle birlikte Medine'de bulunduğu demlerde yahûdiler ona nazar ederler ve kendisini Ümmetinin Peygamberi diye gösterirlerdi.

Yine günlerden biriydi. Âleme rahmet olan nûr çocuk kendi hâlinde bahçede geziniyordu. Yahûdilerden biri onu uzaktan gördü. Ve hemen yanına sokuldu. Gözleri yuvalarının içinde fır fır dönüyordu. Allah Resulüne baktı, baktı, baktı:

— Ey çocuk, dedi; senin adın ne?

Kâinatın Efendisi cevap verdi:

— Ahmed!...

Yine sordu:

— Bir başka ismin daha yok mu, â güzel çocuk?

— Var!

— Ne o?

— Muhammed!...

Yahûdi başına yıldırım düşmüş gibi çarpıldı ve hemen çığlığı bastı:

— Bu çocuk, bu Ümmetin Peygamberi olacaktır!...

Nebiler Nebisinin dadısı Ümmü Eymen de şu hâdiseye şahit olmuştur:

— Bir gün, gündüzün ortasında, yahûdilerden iki kişi yanına geldiler. Bize Ahmed'i çıkar, dediler. Ben de nûr çocuğu dışarı çıkardım.

O'nu, en ince noktasına kadar süzdüler. Her azasına hayran hayran baktılar. Ve aralarında şöyle konuştular:

— Bu çocuk, bu Ümmetin Peygamberidir. Burası da O'nun hicret yeridir. Bu memlekette savaş ve tard gibi büyük işler olacaktır!...

Anneler Sultanının Ölümü

Şanlı inci ve anneler sultanı Âmine, biricik yavrusunun etrafında yahûdilerin dönüp durduğunu görünce bu hallerden ürktü. Çünkü Medine yahûdileri her ne zaman nûr çocuğu görseler gözlerini dikip saatlerce onu süzüyorlardı. Belki de ona bir zarar eriştirirlerdi. Onların bu bakışlarını hiç de hayra yormayan büyük anne daha fazla oyalanmayı uygun bulmadı. Kâinatın Efendisinin elinden tuttuğu gibi Mekke istikâmetinde yola koyuldu.

Kum denizinde akıp gidiyorlardı. Çöller sanki ayaklarının altında duruluyordu. Kumlar, Ebedî Hayat Müjdecisi Nûr çocuğu istikbâl ediyordu.

Hazret-i Âmine'nin nar çiçeğine benzeyen yüzünde gölgeler gezinmeye başladı. O çiçek çiçek bakışlar eskisi kadar keskin değildi. Bir hâl vardı annelerin en azizinde.

Ümmü Eymen de bunu fark etmişti. Neler oluyordu bu genç ve güzel anneye?

— Ey Âmine, dedi; sende bir hâl var!...

Annelerin Sultanı sönük gözlerini ufuklara dikip usul usul mırıldandı:

— Bir şeyim yok, ey Ümmü Eymen! Sen yoluna devam et!...

Halbuki hasta idi. Ecel yoluna tuzaklar kurmuştu. Ömür güneşi ölüm kuyusuna akıverecekti. Fakat o bunun farkında bile değildi. Sadece mübarek yavrusunu düşünüyor, onun sevgisiyle bu çölleri aşıyordu.

Ebvâ isimli köye gelmişlerdi ki hastalık iyice bastırdı ve Âmine Hatun tek adım atacak takati kendinde bulamadı. Ümmü Eymen ak çiçekli bir söğüt dalı gibi titreyerek atıldı:

— Ey Âmine! Bu köyde konaklayalım da çârene bakalım!...

Hazret-i Âmine gülümsedi:

— Benim çâreme bakıldı!...

— Nasıl, nasıl?

— Öyle anlıyorum ki, ömrüm burada noktalanacak.

— Neler söylüyorsun, â cihanın güzeli?

Âmine Hatun susuyordu. Ve artık hastalığın şiddeti bütün dehşetiyle kendisini göstermişti. O kadar, o kadar ki, ölüm yatağına uzanıverdi.

Ümmü Eymen, hekim -ilâç telâşıyla oraya buraya koşarken Âlemin Rahmeti de annesinin başucunda ızdırab ile kıvranıyordu.

Ölüm, ne genç tanırdı ne ihtiyar. Ne de bir güzel onun elinden kurtulurdu. Hayat defterini yazan kalemle **"Her can ölümü tadıcıdır!"** diye yazılmıştır.

Şanlı İnci Âmine de bu köprüden geçecek, ebediyyetin çiçek bayramına erecekti. Ne var ki arkasında boynu bükük bir çocuk bırakacaktı. Şefkat dolu gözlerini, bütün insanlığın kurtarıcısının nûr merkezi mübarek yüzüne dikti. Bakıyor, bakıyordu. Kara kara gözleri şimdi inciler döküyordu. O eşi bulunmaz tek inciyi Hûda'ya emanet edip öteler âlemine sefer eyleyecekti. Fakat ömür nefesleri bitmezden evvel birkaç kelime söylemek istiyordu.

Kâinatın yaratılış sebebi ve Allah'ın Sevgilisi, ruhunu teslim etmek ve kendisini iki taraflı öksüz bırakmak üzere bulunan mübarek annesinin başında telâş ve ızdırabla çırpınıp duruyordu.

Annelerin en azizi dalgındı.

Kim bilir neler düşünüyordu. Ümmü Eymen çırpınan bir alev gibi döne döne geldi. Beraberinde bir de ilâç getirdi:

— Ey Âmine, ey cihanın güzeli, dedi; al da şundan bir parça iç. Ola ki derdine derman verir!...

Hazret-i Âmine son ânının geldiğini biliyordu. Hiç telâş etmeden bekliyordu. Artık ilâcın da bir faydası olmayacaktı.

Yine gözleri mübarek yavrusunun ışıklar saçan yüzündeydi. Nihayet gönül dudakları harekete geçti, içinden geldiği gibi çağladı:

— Ey çekilen dehşetli ölüm okundan Allah'ın lûtuf ve yardımı ile yüz deve karşılığında kurtulan zâtın yavrusu!...

Ey masum çocuk!...
Ey benim denizimin incisi!...
Allah seni mübârek ve devamlı kılsın!.
Ey rüyalarda gördüğüm gerçek, ey solmak bilmeyen çiçek!
Sen celâl ve bol ikram sahibi olan Allah tarafından Âdemoğullarına helâl ve haram bildirmeğe,
Ve Ceddin İbrahim'in dini İslâmlığı ihyaya memursun!...
Çünkü Allah, İbrahim gibi seni de,
Putlardan ve puta tapanlardan korudu.
Senin şimşeğin yeryüzünün göğsünde öyle çakacak ki,
Doğudan batıya dek herkesin sevgilisi olacaksın...
Her yaşayan ölür,
Her yeni eskir.
Her yaslı göçer.
Her gül solar.
Her çok fena bulur.
Her nefes tükenir,
Her ömür son noktaya gelir.
Ben de öleceğim; benim hayat mumum da ecel rüzgâriyle sönecek;
Fakat senin gibi temiz bir vekil bırakacağım için,
Adım asla ölmeyecek!...

İffet mâdeni mübarek anne bir daha konuşamadı.

Hararetten kuruyan dudaklarını ıslatamıyordu da artık. Fakat nar çiçeğine benzeyen yüzü yine aydınlıktı. Hiç eksik etmediği tebessümler nûrdan bir hâle gibi yanaklarını süslüyordu.

Elini uzatıp bir şeyi kavramak ister gibi yaptı. Sonra yere indirdi, gözlerini yükseklere dikip derin derin baktı.

Allah'ın Resulü, kadifeden ve ipekten daha nermin olan ellerini annesinin alnına koydu. Anneler Sultanı tatlı tatlı gülümsedi ve o anda ruhu bedeninden ayrılıverdi.

Ümmü Eymen birden çığlığı bastı:

— Vay başıma gelen!...

Kâinatın Efendisinin ızdırabını hayâl etmek bile güç.

Âlemlere Rahmet olan nûr çocuk, anneden ve babadan öksüz kalmakla hâmisiz değildi. Yüce Allah O'nu bizzat kendi himayesine aldı ve üzerinde hiçbir kul hakkı kalmasın diye böyle oldu.

Arş'ın sahibinin ona hitabı:

— (Ey Resûlüm!) **Rabbin, bir yetim olduğunu bilib de** (seni) **barındırmadı mı?** *(Duha: 6)*

Nihayetsiz olan mülkün Seyyidi ve Kevser havuzunun sahibi nûr çocuk yaşlı gözlerle olanlara bakıp dururken Ümmü Eymen de defin hazırlıklariyle meşguldü.

Nihayet köylülerin de yardımiyle Anneler Sultanı Âmine, Ebvâ mevkiinde toprağa verildi. Âmine Hatun'un fani vücudu toprak altında kaybolmuştu. Ne var ki, ismi asla silinmeyecek, Kıyamete kadar hayırla yâd edilecekti. Çünkü arkasında öyle bir evlât bırakmıştı ki, âlemde bu saâdet hiç kimseye nasib olmamıştı. Hiçbir fani Âmine Hatun kadar mes'ud olamazdı.

Altı yaşlarında anneden de öksüz kalan Nûr-i Cihanın şimdi mübarek gönlünde hicran ırmakları akıyordu.

Kabrin başında bir zaman oturdular. Ümmü Eymen'in gözleri de bulut gibi yaş döküyordu. Fakat ağlamak, gözyaşı dökmek o şanlı inciyi geri getirmeyecekti ki...

Çaresiz yola revan olacaklardı.

Yola çıkmadan evvel bir daha, bir daha Âmine Hatun'un kabrinin toprağını avuçlarına alıp sıktılar. Sıcak kumlar ellerinin içini bir alev gibi dağladı. Zaten gönülleri de hicran ateşiyle dağlanmıştı.

Ümmü Eymen yerinden kalktı. Hazret-i Âmine'nin sahipsiz kalan devesinin yularını tuttu ve İnsanlığın Efendisine seslendi:

— İki gözümün nûru Muhammed'im, haydi davran gidiyoruz!...

Rahmet Peygamber hemen Ümmü Eymen'in yanına koştu. Ümmü Eymen onu devesine aldı ve Mekke istikâmetinde yola koyuldu.

Daha beş günlük yolları vardı.

Nebiler Nebisine sarılıp çöllerin sînesine saplandı.

Bir an önce Mekke'ye varmak istiyordu. O eşi bulunmaz tek inciyi dedesine selâmetle ulaştırmalıydı.

Hem gidiyorlar, hem de ara sıra dönüp arkalarına bakıyorlardı. Gönülleri Âmine Hatun'un yanındaydı.

Kulaklarında onun son sözleri akisler yapıyordu:

"Her yaşayan ölür,
Her yeni eskir.
Her yaşlı göçer.
Her çok fena bulur.
Ben de öleceğim!..."

Yine iki damla gözyaşı yanaklarını ıslatıyordu. Acılar ve ızdırablar içinde gece gündüz demeden yol aldılar ve nihayet Mekke'ye vasıl oldular.

Abdülmuttalib'in kapısına varıp kapıyı çaldılar:

— Tak, tak, takkk!...

Abdülmuttalib'in gür sesi çağladı:

— Kim o?

Ümmü Eymen cevap verdi:

— Bereke!...

Bu sesi duyar duymaz kapıya koşan Abdülmuttalib gördüğü manzara karşısında hayret ve dehşetle ürperdi ve dedi:

— Hani Âmine?

Ümmü Eymen boynunu büküp usul usul mırıldandı:

— Ecel onu elimizden aldı, ey Seyyidimiz!...

Abdülmuttalib haykırdı:

— Ne dedin, ne dedin, ey Bereke?

Ümmü Eymen olup bitenleri tane tane anlattı. Abdülmuttalib ayakta zor duruyordu. Onun da gözleri yaşlarla dolmuştu.

Bir iki adım atıp kollarını açtı ve Kâinatın Efendisini çağırdı:

— Gel, ey güzel çocuğum!...

Varlığın Nûru, dedesinin kucağına atıldı. Dede, bu Cennet çiçeğini gönül gönül sarıp kokladı.

Bir zaman öylece kaldılar.

Âmine'nin ölüm haberi dalga dalga Mekke'yi tutmuştu bile. O herkesin makbulü idi. Şimdi gözyaşı incileri onun için akıyordu.

Abdülmuttalib Ümmü Eymen'i huzuruna çağırdı ve dedi:

— Ey Bereke! Artık bu çocuğumu sen büyüteceksin ve onu gözün gibi koruyacaksın!...

Ve bundan sonra Ümmü Eymen Kâinatın Efendisinin etrafında bir pervane gibi dönmeye başladı. Zaten dünyaya teşrif ettiklerinde de Ümmü Eymen onu emzirmek saâdetine ermişti. Onun hakkında Allah Resulü şöyle buyurmuşlardı:

— Ümmü Eymen annemden sonra annemdir!...

Ve:

— Cennet ehlinden bir kimse ile evlenmek isteyen Ümmü Eymen ile evlensin!...

Ümmü Eymen, Allah'ın Resulüne hiçbir zaman annesinin yokluğunu aratmadı. Anneler Sultanının gülümseyen hayâli dâima gözlerinin önünde duruyordu.

Âmine dünyadan gitmişti. Ne var ki, dünya durdukça adı ile yaşayacak ve hayırla yâd edilecekti. Selâm ona...